GRÆSK: HVER DAGE OPSKRIFTER MED GRÆKKE RØDDER

Nyd essensen af græsk køkken gennem 100 opskrifter

Clara Lindberg

Copyright materiale ©2024

Alle rettigheder forbeholdes

Ingen del af denne bog må bruges eller transmitteres i nogen form eller på nogen måde uden korrekt skriftligt samtykke fra udgiveren og copyright-indehaveren, bortset fra korte citater brugt i en anmeldelse. Denne bog bør ikke betragtes som en erstatning for medicinsk, juridisk eller anden professionel rådgivning.

INDHOLDSFORTEGNELSE

INDHOLDSFORTEGNELSE **3**

INTRODUKTION **7**

GRÆSK MORGENMAD **8**

    1. Græsk omeletgryde 9
    2. Græsk ostetærte med nødder og honning 11
    3. Middelhavs morgenmadsskål 13
    4. Græsk avocado toast 15
    5. Fuldkornstoast med avocado og æg 17
    6. Græsk røræg 19
    7. Græske spejlæg med kartoffel og feta 21
    8. Græske sesambrødringe 23
    9. Græsk morgenmad Ladenia 25
    10. Græsk morgenmad risengrød (Rizogalo) 27
    11. Græsk morgenmad æggemuffins 29
    12. Græsk morgenmadsæggryde med grøntsager og feta 31
    13. Græsk morgenmad Pitas 33
    14. Græsk yoghurt parfait 35
    15. Middelhavs omelet 37
    16. Spinat og feta morgenmad wrap 39

GRÆSKE SNACKS **41**

    17. Græsk Tzatziki Dip 42
    18. Græsk stegt ost 44
    19. græske pommes frites 46
    20. Græsk feta dip 48
    21. Middelhavs frugtsalat 50
    22. Calamari med rosmarin og chiliolie 52
    23. Græsk Aubergine Dip 54
    24. Græske Spanakopita forårsruller 56
    25. Græske Tortilla Pinwheels 58
    26. Græsk fyldte agurkebider 60
    27. Crisp krydrede kartofler 62
    28. Græsk Salat Cracke r 64

29. Græske Pitabrødbider 66
30. Græske Zucchini Bolde (Kolokithokeftedes) 68
31. Baklava Energy Bites 70
32. S rejer gambier 72
33. Middelhavsinspireret Trail Mix 74
34. Daddel- og pistaciebid 76
35. Auberginer med honning 78

GRÆSK FROKOST 80

36. Græske klassiske citronkartofler 81
37. Græsk salat 83
38. Græsk kyllinggyros 85
39. græske frikadeller 87
40. Græsk fyldte peberfrugter 89
41. græsk bønnesuppe 91
42. Græske ristede grønne bønner 93
43. græsk linsesuppe 95
44. Græsk kikærtesuppe 97
45. Græsk Souvlaki 99
46. Græsk oksekød og aubergine Lasagne (Moussaka) 101
47. Middelhavskikærtesalat 103
48. Citronurtekylling med quinoa og fersken 105
49. Græsk salat wrap 107
50. Middelhavs quinoasalat 109
51. Salat med middelhavstun og hvide bønner 111
52. Blæksprutte og ris 113

GRÆSK MIDDAG 115

53. Græske fyldte drueblade 116
54. Græsk bagt Orzo 118
55. Græsk Spanakopita 120
56. Græske ostetærter (Tiropita) 123
57. Græske Langsomt Kogte Lammegyros 125
58. Græske lammefyldte courgetter 127
59. Græsk lam Kleftiko 129
60. Krydrede lammekoeletter med røget aubergine 131
61. Græsk aboriginer og lammepasticcio 133

62. GRÆSK GRØN SALAT MED MARINERET FETA 135
63. GRÆSKE LAMME PITAS 137
64. MIDDELHAVSBAGT LAKS 139
65. MEDITERRANEAN QUINOA FYLDTE PEBERFRUGTER 141
66. MIDDELHAVS-LINSER OG GRØNTSAGSGRYDERET 143
67. GRILLEDE GRØNTSAGER OG HALLOUMI SPYD 145
68. MIDDELHAVSREJER OG SPINAT SAUTERES 147

GRÆSK VEGETAR 149

69. GRÆSKE JACKFRUIT GYROS 150
70. GRÆSK VEGAN SKORDALIA 152
71. GRÆSK ORZO-PASTASALAT MED VEGANSK FETA 154
72. GRÆSKE KIKÆRTEGYROS 156
73. GRÆSK VEGETARISK MOUSSAKA 158
74. GRÆSK BAGT ZUCCHINI OG KARTOFLER 160
75. GRÆSK VEGETARISK RIS 162
76. GRÆSKE GIGANTES PLAKI 164
77. GRÆSKE TOMATFRITTER 166
78. GRÆSKE KIKÆRTEFRITTER 168
79. GRÆSK GRYDERET MED HVIDE BØNNER 170
80. GRÆSK VEGETARISK BAMIE S 172
81. GRÆSKE GRILLEDE GRØNTSAGSSKÅLE 174
82. GRØNTSAGSKUGLER MED TAHINI CITRONSAUCE 176
83. GRÆSKE RISTEDE GRØNTSAGER 178
84. GRÆSK AUBEIGINE OG TOMATGRYDERET 180
85. GRÆSK AVOCADO TARTINE 182
86. GRÆSK SPINATRIS 184
87. GRÆSK AVGOLEMONOSUPPE 186
88. GRÆSKE GRØNTSAGS-PITAER 188

GRÆSK DESSERT 190

89. GRÆSKE SMØRKAGER 191
90. GRÆSK HONNINGKAGE S 193
91. GRÆSK VALNØDDEKAGE 195
92. GRÆSK BAKLAVA 197
93. ANANAS DEJLIG CREME 199
94. GRÆSK APPELSINKAGE 201

95. GRÆSKE DONUTS (LOUKOUMADES) 203
96. GRÆSK MÆLKECREMEPUDDING 205
97. GRÆSKE MANDELSIRUP KAGER 207
98. GRÆSK MANDELSORTKAGE 209
99. GRÆSK APPELSINBLOMST BAKLAV A 211
100. GRÆSK HONNING OG ROSENVAND BAKLAVA 213
KONKLUSION 215

INTRODUKTION

Træd ind i den solbeskinnede verden af middelhavssmag, og omfavn essensen af det græske køkken med "GRÆSK: HVER DAGE OPSKRIFTER MED GRÆKKE RØDDER." I denne kulinariske rejse inviterer vi dig til at nyde det rige gobelin af smag, der definerer græsk mad - en udsøgt fusion af tradition, friskhed og den pulserende ånd fra Det Ægæiske Hav. Med 100 omhyggeligt udvalgte opskrifter hylder denne kogebog kunsten at lave hjemmelavet mad, så du kan bringe varmen fra græske køkkener til din egen.

Forestil dig det azurblå vand i Det Ægæiske Hav, de hvidkalkede bygninger, der klæber sig til bjergskråninger, og duften af olivenolie og urter, der svæver gennem luften. "Græsk" er ikke bare en samling af opskrifter; det er et pas til hjertet af Grækenland, hvor hver ret fortæller en historie om arv, regionale påvirkninger og glæden ved fællesspisning.

Uanset om du er en erfaren kok, der søger at genskabe autentiske græske smagsvarianter eller en hjemmekok, der er ivrig efter at tilføre dine måltider middelhavsflair, er disse opskrifter designet til at være tilgængelige, lækre og en fejring af hverdagens græske madlavning. Fra klassisk moussaka til levende græske salater, begiv dig ud på en kulinarisk odyssé, der bringer ånden fra det græske bord til dig.

Slut dig til os, når vi udforsker de enkle, men dybe fornøjelser ved det græske køkken, hvor hver opskrift er en påmindelse om, at god mad har magten til at transportere dig til solbeskinnede kyster, familiesammenkomster og hjertet af græsk gæstfrihed. Så saml dine ingredienser, omfavn Middelhavsånden, og lad os nyde essensen af det græske køkken gennem "græskisk". Opa!

GRÆSK MORGENMAD

1. Græsk omeletgryde

INGREDIENSER:
- Tolv store æg
- 12 ounce artiskoksalat
- Otte ounces friskskåret spinat
- En spiseskefuld frisk dild
- Fire teskefulde olivenolie
- En teskefuld tørret oregano
- To fed hakket hvidløg
- To kopper sødmælk
- Fem ounces soltørrede tomater
- En kop smuldret fetaost
- En teskefuld citronpeber
- En teskefuld salt
- En teskefuld peber

INSTRUKTIONER:
a) Tag en stor skål.
b) Tilsæt æggene i skålen.
c) Pisk æggene i cirka fem minutter.
d) Tag en anden skål og tilsæt peber, citronpeber, frisk dild, tørret oregano og salt i skålen.
e) Bland alle ingredienserne godt sammen.
f) Tilsæt olivenolie og spinat i æggeskålen.
g) Bland ingredienserne godt sammen og tilsæt det hakkede hvidløg og resten af ingredienserne.
h) Bland alle ingredienserne i begge skåle sammen.
i) Tilsæt blandingen til en smurt ovnfast fad.
j) Bag gryden i femogtyve til tredive minutter.
k) Fordel gryden, når den er færdig.
l) Retten er klar til at blive serveret.

2.Græsk ostetærte med nødder og honning

INGREDIENSER:
- Otte ounces fetaost
- En pakke filoplader
- En teskefuld tørret mynte
- Halv kop hakkede nødder (efter eget valg)
- En kop honning timian
- En kop siet græsk yoghurt
- Syv ounce smør

INSTRUKTIONER:
a) Tag en stor skål.
b) Tilsæt smørret og pisk godt.
c) Tilsæt græsk yoghurt og fetaost i smørskålen.
d) Bland ingredienserne godt sammen.
e) Tilsæt den tørrede mynte i skålen og bland godt.
f) Fordel filopladerne i en smurt bageplade.
g) Tilsæt osteblandingen i filopladerne og dæk den med flere filoplader.
h) Bag tærten i cirka fyrre minutter.
i) Anret tærten.
j) Dryp honningtimian ovenpå tærten.
k) Anret retten med hakkede nødder
l) Retten er klar til at blive serveret.

3.Middelhavs morgenmadsskål

INGREDIENSER:
- 4 blødkogte æg, kogt efter din smag
- 8 ounce hvide knapsvampe, halveret
- Ekstra jomfru oliven olie
- Kosher salt
- 2 kopper cherrytomater
- 2 kopper babyspinat, pakket
- 1 til 2 fed hvidløg, hakket
- 1½ dl hummus
- Za'atar Krydderi
- Oliven (valgfrit, til pynt)

INSTRUKTIONER:
SAUTÉ SVAMPE:
a) Opvarm et skvæt ekstra jomfru olivenolie i en stegepande over medium-høj varme.
b) Tilsæt de halverede svampe og kog til de er gyldne og møre, krydr med en knivspids kosher salt. Fjern fra varmen og sæt til side.
BLISTER CHERRY TOMATER:
c) Tilsæt lidt mere olivenolie i samme stegepande og opvarm over medium varme.
d) Tilsæt cherrytomater og kog indtil de begynder at blive blære og bløde. Fjern fra varmen og sæt til side.
FORBERED SPINAT:
e) Tilsæt eventuelt lidt mere olivenolie i samme stegepande, og svits det hakkede hvidløg kort, indtil det dufter.
f) Tilsæt den pakkede babyspinat og kog til den visner.
g) Smag til med en knivspids salt.
SAMLER SKÅLEN:
h) Start med at fordele et generøst lag hummus i bunden af en skål.
i) Arranger de blødkogte æg, sauterede svampe, blærede cherrytomater og sauteret spinat oven på hummusen.
j) Drys Za'atar over ingredienserne.
k) Hvis det ønskes, tilsæt oliven for ekstra smag og pynt.

4.Græsk avocado toast

INGREDIENSER:
- Halv kop citronsaft
- Fire skiver brød
- Halv kop cherrytomater
- Halv kop ekstra jomfru olivenolie
- Halv kop smuldret ost
- Knust rød chili
- Halv kop hakket agurk
- En kvart kop dild
- Halv kop Kalamata oliven
- To kopper hakket avocado
- En knivspids salt
- En knivspids sort peber

INSTRUKTIONER:
a) Tag en stor skål.
b) Tilsæt alle ingredienserne undtagen brødskiverne.
c) Bland alle ingredienserne.
d) Rist brødskiverne
e) Fordel blandingen oven på brødskiverne.

5.Fuldkornstoast med avocado og æg

INGREDIENSER:
- 2 skiver fuldkornsbrød
- 1 moden avocado
- 2 pocheret eller spejlæg
- Salt og peber efter smag
- Valgfri toppings: cherrytomater, røde peberflager eller friske krydderurter

INSTRUKTIONER:
a) Rist fuldkornsbrødskiverne til de er sprøde.
b) Mos den modne avocado og fordel den på det ristede brød.
c) Top hver skive med et pocheret eller spejlæg.
d) Smag til med salt, peber og evt. toppings du foretrækker.
e) Nyd din avocado- og ægtoast!

6.Græsk røræg

INGREDIENSER:
- To spiseskefulde olivenolie
- To store æg
- En moden cherrytomat
- En knivspids salt
- En knivspids sort peber

INSTRUKTIONER:
a) Tag en stor pande.
b) Tilsæt olivenolien i gryden.
c) Tilsæt tomater og salt i gryden.
d) Kog tomaterne godt, og tilsæt derefter den sorte peber i gryden.
e) Bræk æggene i gryden.
f) Rør ingredienserne godt sammen.
g) Skål ud, når æggene er færdige

7.Græske spejlæg med kartoffel og feta

INGREDIENSER:
- To spiseskefulde olivenolie
- To store æg
- En hakket kartoffel
- Tres gram fetaost
- En knivspids salt
- En knivspids sort peber

INSTRUKTIONER:
a) Tag en stor pande.
b) Tilsæt olivenolien i gryden.
c) Tilsæt kartofler og salt i gryden.
d) Kog kartoflerne godt og kom derefter sort peber i gryden.
e) Bræk æggene i gryden.
f) Kom den smuldrede fetaost ovenpå.
g) Kog ingredienserne godt på begge sider.
h) Skål ud, når æggene er færdige

8.Græske sesambrødringe

INGREDIENSER:
- To kopper mel
- Tre spiseskefulde olivenolie
- To teskefulde salt
- Halv teskefuld gær
- En teskefuld sukker
- En kop sesamfrø
- En kop lunkent vand

INSTRUKTIONER:
a) Tag en stor skål.
b) Tilsæt sukker, gær og lunkent vand i skålen.
c) Bland godt og hold til side, indtil der dannes bobler.
d) Tilsæt mel og salt i blandingen.
e) Ælt dejen godt og begynd at danne ringstrukturer af dejblandingen.
f) Kom sesamfrøene oven på ringene og læg ringene på en bageplade.
g) Bag retten i cirka tredive minutter.

9.Græsk morgenmad Ladenia

INGREDIENSER:
- To kopper mel
- Tre spiseskefulde olivenolie
- To teskefulde salt
- Halv teskefuld gær
- En teskefuld sukker
- En kop cherrytomater
- To teskefulde tørret oregano
- En kop hakkede løg
- En kop lunkent vand

INSTRUKTIONER:
a) Tag en stor skål.
b) Tilsæt sukker, gær og lunkent vand i skålen.
c) Bland godt og hold til side, indtil der dannes bobler.
d) Tilsæt mel og salt i blandingen.
e) Ælt dejen godt og begynd at forme runde fladbrød af dejblandingen.
f) Læg løg og cherrytomater i skiver oven på brødet og læg brøddejen på en bageplade.
g) Bag retten i cirka tredive minutter.

10.Græsk morgenmad risengrød (Rizogalo)

INGREDIENSER:
- To kopper sødmælk
- To kopper vand
- Fire spiseskefulde majsstivelse
- Fire spiseskefulde hvidt sukker
- Halv kop ris
- En kvart teskefuld kanelpulver

INSTRUKTIONER:
a) Tag en stor gryde.
b) Tilsæt vand og sødmælk.
c) Lad væsken koge i fem minutter.
d) Tilsæt ris og sukker i mælkeblandingen.
e) Kog alle ingredienserne godt igennem i tredive minutter, eller indtil det begynder at blive tykt.
f) Tilsæt kanelpulveret ovenpå.
g) Retten er klar til at blive serveret.

11. Græsk morgenmad æggemuffins

INGREDIENSER:
- Halv kop soltørrede tomater
- Ti æg
- En kvart kop oliven
- En kop smuldret ost
- En kvart kop fløde

INSTRUKTIONER:
a) Tag en stor skål.
b) Tilsæt alle ingredienserne i skålen.
c) Bland alt godt.
d) Hæld æggeblandingen i en smurt muffinbakke.
e) Bag muffinsene i tyve til tredive minutter.
f) Fordel muffinsene.
g) Retten er klar til at blive serveret.

12.Græsk morgenmadsæggryde med grøntsager og feta

INGREDIENSER:

- To spiseskefulde olivenolie
- To store æg
- En moden cherrytomat
- To kopper hakket babyspinat
- En kop hakket løg
- En kop peberfrugt
- En kvart kop smuldret fetaost
- En knivspids salt
- En knivspids sort peber

INSTRUKTIONER:

a) Tag en stor pande.
b) Tilsæt olivenolien i gryden.
c) Tilsæt løg og salt i gryden.
d) Steg løgene godt, og tilsæt derefter den sorte peber i gryden.
e) Tilsæt babyspinat og peberfrugt i blandingen.
f) Kog ingredienserne godt i cirka fem minutter.
g) Bræk æggene i gryden.
h) Kog ingredienserne godt igennem.
i) Skål ud, når æggene er færdige.
j) Pynt retten med smuldret fetaost.

13. Græsk morgenmad Pitas

INGREDIENSER:
- To spiseskefulde olivenolie
- To skiver pitabrød
- To store æg
- En moden cherrytomat
- To kopper hakket babyspinat
- En kop hakket løg
- Halv kop hakket basilikum
- En kop peberfrugt
- En kvart kop smuldret fetaost
- En knivspids salt
- En knivspids sort peber
- En flok hakket koriander

INSTRUKTIONER:
a) Tag en stor pande.
b) Tilsæt olivenolien i gryden.
c) Tilsæt løg og salt i gryden.
d) Steg løgene godt, og tilsæt derefter den sorte peber i gryden.
e) Tilsæt babyspinat og peberfrugt i blandingen.
f) Kog ingredienserne godt i cirka fem minutter.
g) Bræk æggene i gryden.
h) Kog ingredienserne godt igennem.
i) Skål ud, når æggene er færdige.
j) Lad æggene køle af, og tilsæt derefter den smuldrede fetaost
k) ind i det.
l) Bland godt.
m) Varm pitabrødet op.
n) Skær et hul i brødet og tilsæt den kogte blanding deri.
o) Pynt brødet med hakket koriander.

14. Græsk yoghurt parfait

INGREDIENSER:
- 1 kop græsk yoghurt
- ½ kop friske bær (f.eks. blåbær, jordbær)
- 2 spsk honning
- 2 spsk hakkede nødder (f.eks. mandler eller valnødder)
- ¼ kop granola

INSTRUKTIONER:
a) Læg græsk yoghurt, friske bær og honning i et glas eller en skål.
b) Drys med hakkede nødder og granola.
c) Nyd din lækre græske yoghurtparfait!

15. Middelhavs omelet

INGREDIENSER:
- 2 store æg
- ¼ kop hakkede tomater
- ¼ kop peberfrugt i tern
- ¼ kop rødløg i tern
- 2 spsk fetaost
- 1 spsk olivenolie
- Friske krydderurter (fx persille eller oregano)
- Salt og peber efter smag

INSTRUKTIONER:
a) Varm olivenolie i en stegepande over medium varme.
b) Sauter grøntsagerne i tern, til de er møre.
c) Pisk æggene i en skål og hæld dem i gryden.
d) Kog indtil æggene er stivnet, og drys derefter med fetaost, krydderurter, salt og peber.
e) Fold omeletten på midten og server varm.

16. Spinat og feta morgenmad wrap

INGREDIENSER:
- 2 store æg
- 1 kop friske spinatblade
- 2 spsk smuldret fetaost
- 1 fuldkornstortilla
- 1 spsk olivenolie
- Salt og peber efter smag

INSTRUKTIONER:

a) Varm olivenolie i en stegepande over medium varme.
b) Tilsæt friske spinatblade og kog indtil de er visne.
c) Pisk æggene i en skål og rør dem i gryden med spinaten.
d) Drys fetaost over æggene og kog til det er let smeltet.
e) Læg æg- og spinatblandingen i en fuldkornstortilla, rul den sammen og server som wrap.

GRÆSKE SNACKS

17.Græsk Tzatziki Dip

INGREDIENSER:
- Halvanden kop græsk yoghurt
- En spiseskefuld hakket frisk dild
- Halvt hakket agurk
- To spiseskefulde olivenolie
- En halv teskefuld salt
- To teskefulde hakket hvidløg
- En spiseskefuld hvid eddike

INSTRUKTIONER:
a) Tag en stor skål.
b) Tilsæt alle de tørrede ingredienser i skålen.
c) Bland godt og stil på køl i ti minutter.
d) Tilsæt de våde ingredienser i skålen.
e) Bland godt.

18.Græsk stegt ost

INGREDIENSER:
- Et pund hård ost
- Vegetabilsk olie
- En kop universalmel

INSTRUKTIONER:
a) Skær osten i skiver.
b) Dyp den i universalmel.
c) Tag en stor stegepande.
d) Kom olie i gryden og varm godt op.
e) Tilsæt osteskiverne og friter dem til de bliver gyldenbrune.

19.græske pommes frites

INGREDIENSER:
- Et pund rødbrune kartofler
- Vegetabilsk olie
- En kop universalmel
- En kop smuldret fetaost
- En kop salsa

INSTRUKTIONER:
a) Skær kartoflerne i stave.
b) Dyp den i universalmel.
c) Tag en stor stegepande.
d) Kom olie i gryden og varm godt op.
e) Tilsæt kartoffelstængerne og friter dem til de bliver gyldenbrune.
f) Anret fritterne og kom salsaen og fetaosten ovenpå.

20.Græsk feta dip

INGREDIENSER:
- Halvanden kop græsk yoghurt
- En spiseskefuld hakket frisk dild
- Halvt hakket fetaost
- To spiseskefulde olivenolie
- En halv teskefuld salt
- To teskefulde hakket hvidløg
- En spiseskefuld hvid eddike

INSTRUKTIONER:
a) Tag en stor skål.
b) Tilsæt alle de tørrede ingredienser i skålen.
c) Bland godt og stil på køl i ti minutter.
d) Tilsæt de våde ingredienser i skålen.
e) Bland godt.

21. Middelhavs frugtsalat

INGREDIENSER:
- 2 kopper vandmelon, i tern
- 2 kopper agurk, i tern
- 1 kop fetaost, smuldret
- ¼ kop friske mynteblade eller basilikum, hakket
- 1 spsk ekstra jomfru olivenolie
- 1 spsk balsamicoeddike
- Salt og peber efter smag

INSTRUKTIONER:
a) Kombiner vandmelon, agurk og fetaost i en stor skål.
b) I en lille skål piskes olivenolie og balsamicoeddike sammen.
c) Dryp dressingen over salaten og vend forsigtigt sammen.
d) Drys med hakkede mynteblade eller basilikum.
e) Smag til med salt og peber efter smag.
f) Stil på køl i 30 minutter før servering.

22.Calamari med rosmarin og chiliolie

INGREDIENSER:
- Ekstra jomfru oliven olie
- 1 bundt frisk rosmarin
- 2 hele røde chilier, udfriet og finthakket 150 ml enkelt creme
- 3 æggeblommer
- 2 spsk revet parmesanost
- 2 spsk almindeligt mel
- Salt og friskkværnet sort peber
- 1 fed hvidløg, pillet og knust
- 1 tsk tørret oregano
- Vegetabilsk olie til friturestegning
- 6 Blæksprutter, renset og skåret i ringe
- Salt

INSTRUKTIONER:
a) For at lave dressingen skal du varme olivenolien op i en lille gryde og røre rosmarin og chili i. Fjern fra ligningen.
b) I en stor røreskål piskes fløde, æggeblommer, parmesanost, mel, hvidløg og oregano sammen. Blend indtil dejen er glat. Smag til med sort peber, friskkværnet.
c) Forvarm olien til 200°C til friturestegning, eller indtil en terning brød bruner på 30 sekunder.
d) Dyp blæksprutteringene, en ad gangen, i dejen og læg dem forsigtigt i olien. Kog til de er gyldenbrune, cirka 2-3 minutter.
e) Afdryp på køkkenpapir og server straks med dressingen hældt ovenpå. Smag eventuelt til med salt.

23. Græsk Aubergine Dip

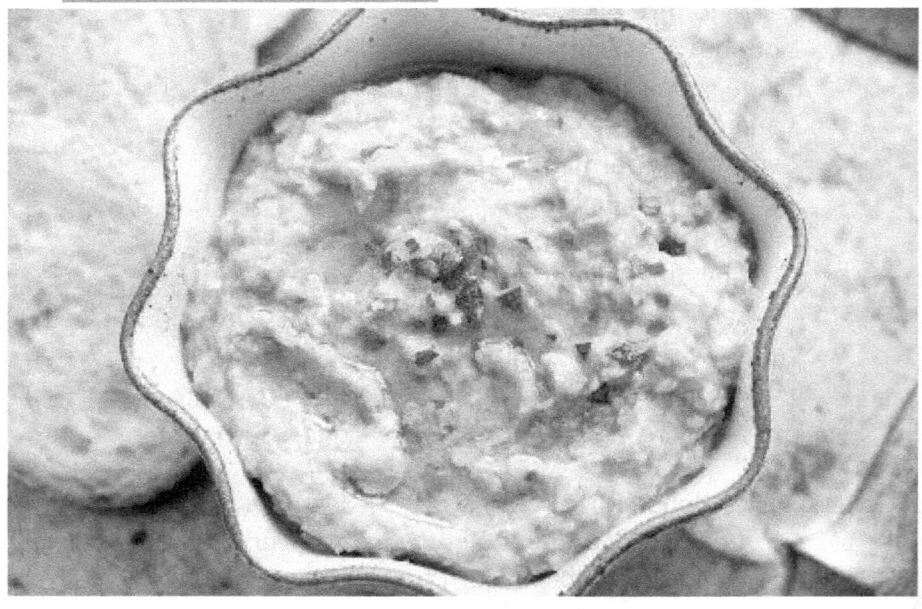

INGREDIENSER:
- Halvanden kop græsk yoghurt
- En spiseskefuld hakket frisk dild
- Halvt hakket ristet aubergine
- To spiseskefulde olivenolie
- En halv teskefuld salt
- To teskefulde hakket hvidløg

INSTRUKTIONER:
a) Tag en stor skål.
b) Tilsæt alle ingredienserne og bland godt.
c) Pynt retten med frisk dild.

24.Græske Spanakopita forårsruller

INGREDIENSER:
- En pakke forårsrullepapir
- Vegetabilsk olie
- **TIL FYLDNING:**
- En kop fetaost
- Fire æg
- En halv teskefuld frisk revet muskatnød
- En knivspids salt
- En spiseskefuld olivenolie
- En kvart kop hakket løg
- En teskefuld hakket hvidløg
- En spiseskefuld mælk
- Halv kop hakket spinat
- En knivspids knust sort peber

INSTRUKTIONER:
a) Tag en stor pande.
b) Tilsæt olivenolien i gryden.
c) Tilsæt løg og hvidløg, når olien varmer.
d) Kog løgene til de bliver bløde.
e) Bland æggene og tilsæt den hakkede spinat i gryden.
f) Kog ingredienserne til spinaten er visnet.
g) Tilsæt fetaost, mælk, sort peber, salt og friskrevet muskatnød i gryden.
h) Kog ingredienserne i cirka fem minutter.
i) Sluk for komfuret og lad blandingen køle af.
j) Tilsæt blandingen på forårsrullepapiret og rul det.
k) Fritér forårsrullerne til de bliver gyldenbrune.
l) Fordel spanakopitaen, når den er færdig.

25.Græske Tortilla Pinwheels

INGREDIENSER:
- En pakke tortillas
- Vegetabilsk olie

TIL FYLDNING:
- En kop fetaost
- Et pund oksefars
- En halv teskefuld frisk revet muskatnød
- En knivspids salt
- En spiseskefuld olivenolie
- En kvart kop hakket løg
- En teskefuld hakket hvidløg
- En spiseskefuld mælk
- Halv kop hakket spinat
- En knivspids knust sort peber

INSTRUKTIONER:
a) Tag en stor pande.
b) Tilsæt olivenolien i gryden.
c) Tilsæt løg og hvidløg, når olien varmer.
d) Kog løgene til de bliver bløde.
e) Bland oksekødet og tilsæt den hakkede spinat i gryden.
f) Kog ingredienserne til spinaten er visnet.
g) Tilsæt fetaost, mælk, sort peber, salt og friskrevet muskatnød i gryden.
h) Kog ingredienserne i cirka fem minutter.
i) Sluk for komfuret og lad blandingen køle af.
j) Tilsæt blandingen på tortillas og rul den.
k) Bag nålehjulene, indtil de bliver gyldenbrune.
l) Hæld nålehjulene ud, når de er færdige.

26.Græsk fyldte agurkebider

INGREDIENSER:
- Et pund agurk

TIL FYLDNING:
- En kop fetaost
- Et pund kyllingefars
- En halv teskefuld frisk revet muskatnød
- En knivspids salt
- En spiseskefuld olivenolie
- En kvart kop hakket løg
- En teskefuld hakket hvidløg
- En knivspids knust sort peber
- Frisk mynte

INSTRUKTIONER:
a) Tag en stor pande.
b) Tilsæt olivenolien i gryden.
c) Tilsæt løg og hvidløg, når olien varmer.
d) Kog løgene til de bliver bløde.
e) Bland kyllingen i gryden.
f) Tilsæt fetaost, sort peber, salt og friskrevet muskatnød i gryden.
g) Kog ingredienserne i cirka fem minutter.
h) Sluk for komfuret og lad blandingen køle af.
i) Tilsæt blandingen på agurkestykkerne.
j) Pynt retten med hakkede mynteblade.

27. Crisp krydrede kartofler

INGREDIENSER:
- 3 spiseskefulde olivenolie
- 4 rødbrune kartofler, skrællede og terninger
- 2 spsk hakket løg
- 2 fed hvidløg, hakket
- Salt og friskkværnet sort peber
- 1 1/2 spsk spansk paprika
- 1/4 tsk Tabasco Sauce
- 1/4 tsk stødt timian
- 1/2 kop ketchup
- 1/2 kop mayonnaise
- Hakket persille, til pynt
- 1 kop olivenolie, til stegning

INSTRUKTIONER:
BRAVA Saucen:
a) Opvarm 3 spsk olivenolie i en gryde ved middel varme. Svits løg og hvidløg, indtil løget er blødt.
b) Tag gryden af varmen og pisk paprika, tabascosauce og timian i.
c) Kombiner ketchup og mayonnaise i en røreskål.
d) Smag til med salt og peber. Fjern fra ligningen.

KARTOFLERNE:
e) Krydr kartoflerne let med salt og sort peber.
f) Steg kartoflerne i 1 kop (8 fl. oz.) olivenolie i en stor stegepande, indtil de er gyldenbrune og gennemstegte, og vend dem af og til.
g) Dræn kartoflerne på køkkenrulle, smag dem til og krydr eventuelt med ekstra salt.
h) For at holde kartoflerne sprøde skal du kombinere dem med saucen lige inden servering.
i) Serveres lun, pyntet med hakket persille.

28.Græsk Salat Cracker

INGREDIENSER:
TIL DRESSINGEN:
- En halv teskefuld kosher salt
- To teskefulde friskkværnet sort peber
- En kvart kop rødvinseddike
- Halv kop olivenolie
- To spiseskefulde hakket hvidløg
- To teskefulde frisk oregano
- En halv teskefuld tørret oregano

TIL SALAT:
- En kop fetaost
- Et halvt pund knækbrødsskiver
- En halv teskefuld hakket hvidløg
- To spiseskefulde olivenolie
- Halv kop Kalamata oliven
- En kop rød-orange peberfrugt
- En kop engelsk agurk
- En kop cherrytomater

INSTRUKTIONER:
a) Tag en lille skål. Tilsæt olivenolie og hakket hvidløg heri.
b) Bland brødskiverne i.
c) Bag skiverne i ti minutter.
d) Fordel brødskiverne, når de er færdige.
e) Tag en stor skål. Tilsæt den engelske agurk, Kalamata-oliven, rød-orange peberfrugt, cherrytomater og fetaost i skålen.
f) Bland det hele godt og sæt det til side.
g) Tag en lille skål.
h) Tilsæt olivenolie, rødvinseddike, kosher salt, hakket hvidløg, friskkværnet sort peber, frisk oregano og tørret oregano.
i) Bland alt godt.
j) Hæld denne dressing på den forberedte salat.
k) Bland det hele godt og kom det oven på de ristede brødskiver.

29.Græske Pitabrødbider

INGREDIENSER:
- Et pund pitabrød bider
- Vegetabilsk olie
- En kop universalmel
- En kop smuldret fetaost
- En kop salsa

INSTRUKTIONER:
a) Skær pitabrødet i mundrette stykker.
b) Dyp den i universalmel.
c) Tag en stor stegepande.
d) Kom olie i gryden og varm godt op.
e) Tilsæt pitabrødene og friter dem til de bliver gyldenbrune.
f) Anret brødet og tilsæt salsa og fetaost ovenpå.

30. Græske Zucchini Bolde (Kolokithokeftedes)

INGREDIENSER:
- Et hakket rødløg
- To hakkede fed hvidløg
- En knivspids salt
- En knivspids sort peber
- Halv kop mynteblade
- To kopper revet zucchini
- En halv teskefuld oregano
- Et æg
- To spiseskefulde olivenolie
- En kop græsk yoghurt

INSTRUKTIONER:
a) Tag en stor skål.
b) Tilsæt revet zucchini, krydderier, mynte, løg, hvidløg og æg i skålen.
c) Bland alle ingredienserne godt sammen og form runde kuglestrukturer.
d) Steg squashkuglerne i olivenolie, til de bliver gyldenbrune.
e) Fordel kuglerne.
f) Servér zucchinikuglerne med græsk yoghurt ved siden af.

31. Baklava Energy Bites

INGREDIENSER:
- 1 kop hakkede nødder (f.eks. valnødder, mandler)
- ¼ kop havregryn
- 2 spsk honning
- ½ tsk stødt kanel
- ¼ teskefuld stødt nelliker
- ¼ tsk vaniljeekstrakt
- 1 spsk finthakkede tørrede abrikoser (valgfrit)

INSTRUKTIONER:
a) Kombiner de hakkede nødder og havregryn i en foodprocessor. Puls indtil fint malet.
b) Tilsæt honning, kanel, nelliker og vaniljeekstrakt. Blend indtil blandingen klæber sammen.
c) Bland eventuelt de hakkede tørrede abrikoser i.
d) Rul blandingen til mundrette kugler.
e) Stil på køl i cirka 30 minutter før servering.

32. S rejer gambier

INGREDIENSER:
- 1/2 kop olivenolie
- Saft af 1 citron
- 2 tsk havsalt
- 24 mellemstore rejer , i skallen med intakte hoveder

INSTRUKTIONER:

a) I en røreskål kombineres olivenolie, citronsaft og salt og piskes, indtil det er grundigt kombineret. For at belægge rejerne let skal du dyppe dem i blandingen i et par sekunder.

b) I en tør stegepande opvarmes olien over høj varme. Arbejd i partier, tilsæt rejerne i et enkelt lag uden at trænge panden, når den er meget varm. 1 minuts brænding

c) Reducer varmen til medium og kog i yderligere et minut. Øg varmen til høj og svits rejerne i yderligere 2 minutter, eller indtil de er gyldne.

d) Hold rejerne varme i en lav ovn på en ovnfast tallerken.

e) Kog de resterende rejer på samme måde.

33. Middelhavsinspireret Trail Mix

INGREDIENSER:
- 1 kop rå mandler
- 1 kop rå cashewnødder
- 1 kop usaltede pistacienødder
- ½ kop tørrede abrikoser, hakkede
- ½ kop tørrede figner, hakkede
- ¼ kop gyldne rosiner
- ¼ kop soltørrede tomater, hakkede
- 1 spsk olivenolie
- ½ tsk stødt spidskommen
- ½ tsk paprika
- ¼ tsk havsalt
- ¼ tsk sort peber

INSTRUKTIONER:
a) Forvarm din ovn til 325°F (163°C).
b) Kombiner mandler, cashewnødder og pistacienødder i en stor skål.
c) I en lille skål piskes olivenolie, stødt spidskommen, paprika, havsalt og sort peber sammen.
d) Dryp krydderiblandingen over nødderne og vend dem til ensartet pels.
e) Fordel de krydrede nødder på en bageplade i et enkelt lag.
f) Rist nødderne i den forvarmede ovn i 10-15 minutter, eller indtil de er let ristede. Sørg for at røre dem af og til for at sikre en jævn stegning.
g) Når nødderne er ristet, tag dem ud af ovnen og lad dem køle helt af.
h) I en stor røreskål kombineres de ristede nødder med de hakkede tørrede abrikoser, figner, gyldne rosiner og soltørrede tomater.
i) Smid alt sammen for at skabe din middelhavsstiblanding.
j) Opbevar sporblandingen i en lufttæt beholder til snacking på farten.

34. Daddel- og pistaciebid

INGREDIENSER:
- 12 Medjool dadler, udstenede
- ½ kop afskallede pistacienødder
- 2 spsk flødeost eller gedeost
- 1 tsk honning
- ½ tsk stødt spidskommen
- ¼ teskefuld malet paprika
- Salt og sort peber efter smag
- Friske persilleblade til pynt (valgfrit)

INSTRUKTIONER:
a) Puls de afskallede pistacienødder i en foodprocessor, indtil de er finthakkede. Flyt dem over i en lav skål og stil dem til side.
b) I den samme foodprocessor kombineres flødeost (eller gedeost), honning, stødt spidskommen, stødt paprika, salt og sort peber. Blend indtil blandingen er glat og godt blandet.
c) Åbn forsigtigt hver daddel med huller for at skabe en lille lomme.
d) Tag omkring 1 tsk af osteblandingen og stop den i hver dadel, og fyld lommen.
e) Når du har fyldt dadlerne, rulles de i de hakkede pistacienødder, og sørg for at pistacienødderne klæber til osteblandingen.
f) Læg de fyldte og overtrukne dadler på et serveringsfad.
g) Hvis det ønskes, pynt med friske persilleblade for et strejf af grønt.
h) Server dine salte dadler og pistaciebid med det samme, eller opbevar dem i køleskabet, indtil du er klar til at nyde.

35. Auberginer med honning

INGREDIENSER:
- 3 spiseskefulde honning
- 3 auberginer
- 2 kopper mælk
- 1 spsk salt
- 1 spsk peber
- 100 g mel
- 4 spiseskefulde olivenolie

INSTRUKTIONER:
a) Skær auberginen i tynde skiver.
b) Kombiner auberginerne i en blandeskål. Hæld nok mælk i kummen til at dække auberginerne helt. Smag til med en knivspids salt.
c) Lad det trække i mindst en time.
d) Tag auberginerne op af mælken og stil dem til side. Brug mel til at overtrække hver skive. Overtræk i en salt- og peberblanding.
e) Varm olivenolien op i en gryde. Friturestegte auberginerskiverne ved 180 grader C.
f) Læg de stegte auberginer på køkkenrulle for at absorbere overskydende olie.
g) Dryp auberginerne med honning.
h) Tjene.

GRÆSK FROKOST

36.Græske klassiske citronkartofler

INGREDIENSER:
- En kop løg
- En kop grøntsagsbouillon
- En halv teskefuld røget paprika
- To spiseskefulde dijonsennep
- To teskefulde hvidt sukker
- To spiseskefulde olivenolie
- To kopper tomatpure
- En spiseskefuld tørret rosmarin
- En knivspids salt
- En knivspids sort peber
- En teskefuld tørret timian
- Et pund blomkålsbuketter
- To spiseskefulde hakket hvidløg
- Halv kop tør hvidvin
- Halv kop citronsaft
- Halv kop koriander

INSTRUKTIONER:
a) Tag en stor pande.
b) Tilsæt olivenolie og løgskiver deri.
c) Steg løgskiverne og anret dem derefter.
d) Tilsæt hvidløg, kartoffelstykker, citronsaft og krydderier i gryden.
e) Kog kartoffelstykkerne i krydderierne i fem til ti minutter.
f) Tilsæt resten af ingredienserne i blandingen.
g) Kog blandingen, indtil den begynder at koge.
h) Bring varmen til lav og dæk gryden med et låg.
i) Efter ti minutter fjernes låget.
j) Tjek kartoflerne, inden de serveres.
k) Smuldr de kogte løgskiver ovenpå inden servering.

37.Græsk salat

INGREDIENSER:
TIL DRESSINGEN:
- En halv teskefuld kosher salt
- To teskefulde friskkværnet sort peber
- En kvart kop rødvinseddike
- Halv kop olivenolie
- To spiseskefulde hakket hvidløg
- To teskefulde frisk oregano
- En halv teskefuld tørret oregano

TIL SALAT:
- En kop fetaost
- Halv kop parmesanost
- Et halvt pund brødskiver
- En halv teskefuld hakket hvidløg
- To spiseskefulde olivenolie
- Halv kop Kalamata oliven
- En kop rød-orange peberfrugt
- En kop engelsk agurk
- En kop cherrytomater

INSTRUKTIONER:
a) Tag en lille skål.
b) Tilsæt olivenolie og hakket hvidløg heri.
c) Bland det godt og fordel det på brødskiverne.
d) Læg parmesanosten ovenpå skiverne.
e) Bag skiverne i ti minutter.
f) Fordel brødskiverne, når de er færdige.
g) Tag en stor skål.
h) Tilsæt den engelske agurk, Kalamata-oliven, rød-orange peberfrugt, cherrytomater og fetaost i skålen.
i) Bland det hele godt og sæt det til side.
j) Tag en lille skål.
k) Tilsæt olivenolie, rødvinseddike, kosher salt, hakket hvidløg, friskkværnet sort peber, frisk oregano og tørret oregano.
l) Bland alt godt.
m) Hæld denne dressing på den forberedte salat.
n) Bland det hele godt og tilsæt de ristede brødskiver til siden.

38. Græsk kyllinggyros

INGREDIENSER:
- Fire fladbrød
- Halv kop grøntsagsbouillon
- En kvart kop citronsaft
- En kop tzatziki sauce
- Halv kop hakket rødløg
- Halv kop hakkede tomater
- Halv kop romainesalat
- En spiseskefuld hakket hvidløg
- En kop tomatpure
- To spiseskefulde olivenolie
- En spiseskefuld hvidløgspulver
- En spiseskefuld tørret timian
- En halv teskefuld stødt kanel
- To spiseskefulde chilipulver
- En kvart teskefuld frisk muskatnød
- En knivspids havsalt
- To kopper kyllingestykker

INSTRUKTIONER:
a) Tag en stor pande.
b) Tilsæt olivenolie og hvidløg i gryden.
c) Tilsæt oregano, tomatpure, røget paprika, muskatnød, chilipulver, timian og salt.
d) Tilsæt grøntsagsbouillon, citronsaft og kyllingestykker i gryden.
e) Kog ingredienserne godt i cirka femten minutter.
f) Bag fladbrødene i cirka to-tre minutter.
g) Skær fladbrødene imellem for at danne en posestruktur.
h) Tilsæt den kogte blanding i fladbrødet og beklæd det med tzatzikisauce, romainesalat, skivede tomater og rødløg.

39.græske frikadeller

INGREDIENSER:
- Et hakket rødløg
- To hakkede fed hvidløg
- En knivspids salt
- En knivspids sort peber
- Halv kop mynteblade
- To kopper oksefars
- En halv teskefuld oregano
- Et æg
- To spiseskefulde olivenolie
- En kop græsk yoghurt

INSTRUKTIONER:
a) Tag en stor skål.
b) Tilsæt oksefars, krydderier, mynte, løg, hvidløg og æg i skålen.
c) Bland alle ingredienserne godt sammen og form runde kuglestrukturer.
d) Steg frikadellerne i olivenolie, til de bliver gyldenbrune.
e) Fordel frikadellerne.
f) Server frikadellerne med græsk yoghurt ved siden af.

40. Græsk fyldte peberfrugter

INGREDIENSER:
- Halv kop kogte ris
- En kop tomatpure
- To spiseskefulde usaltet smør
- Tre spiseskefulde granuleret sukker
- Halv kop hakkede gulerødder
- En teskefuld hakket ingefær
- To kopper blandet ost
- Frisk hakket persille
- To spiseskefulde olivenolie
- Et pund grøn peberfrugt
- To kopper tomater
- En knivspids salt
- En knivspids sort peber
- To kopper hakkede kartofler
- En kop hakkede rødløg
- En spiseskefuld hakket hvidløg
- Halv kop hakket zucchini

INSTRUKTIONER:
a) Tag en stor pande.
b) Tilsæt smør og hakkede løg i gryden.
c) Kog løget til det bliver blødt.
d) Tilsæt hvidløg og ingefær samt hakket zucchini, hakkede kartofler, tomater, tomatpure og hakkede gulerødder.
e) Kog grøntsagerne godt i cirka ti minutter.
f) Tilsæt granuleret sukker, kogte ris, salt og peber.
g) Bland det hele godt sammen og skål ud.
h) Rens peberfrugterne indefra og tilsæt den kogte blanding deri.
i) Kom den blandede ost ovenpå og læg peberfrugterne på en smurt bageplade.
j) Bag peberfrugterne, indtil osten bliver lys gyldenbrun.
k) Pynt peberfrugterne med friskhakket persilleblade.

41. græsk bønnesuppe

INGREDIENSER:
- Halv kop hakket frisk timian
- Halv kop hakket frisk oregano
- En halv kop hakket frisk purløg
- En teskefuld blandet krydderipulver
- En halv teskefuld røget paprika
- Et laurbærblad
- En knivspids salt
- En knivspids sort peber
- To spiseskefulde olivenolie
- Et pund bønner
- En halv spiseskefuld hakket hvidløg
- To kopper hakkede tomater
- En kop hakkede løg
- En kop hakket persille
- En kop grøntsagsfond
- En kop vand

INSTRUKTIONER:
a) Tag en stor pande.
b) Tilsæt de hakkede løg og olivenolie i det.
c) Bland ingredienserne godt sammen.
d) Tilsæt det hakkede hvidløg i gryden.
e) Tilsæt tomater, oregano, laurbærblad, salt, sort peber, timian, røget paprika, bland krydderipulver og purløg i gryden.
f) Kog ingredienserne godt igennem.
g) Tilsæt bønnerne i blandingen.
h) Tilsæt grøntsagsfond og vand i gryden.
i) Bland suppen godt sammen.
j) Læg et låg på toppen af gryden.
k) Kog suppen i ti til femten minutter.
l) Anret suppen, når bønnerne er færdige.
m) Anret retten med hakket persille på toppen.

42. Græske ristede grønne bønner

INGREDIENSER:
- En knivspids salt
- En knivspids sort peber
- Fire kopper grønne bønner i tern
- En kop hakket løg
- En halv spiseskefuld hakket hvidløg,
- Tre spiseskefulde olivenolie
- To spiseskefulde granuleret sukker
- To spiseskefulde hakket persille
- En spiseskefuld røget paprika
- To spiseskefulde frisk oregano
- To spiseskefulde frisk timian
- Halv kop grøntsagsfond
- En kop hakkede tomater

INSTRUKTIONER:
a) Tag en stor pande.
b) Tilsæt de hakkede løg og olivenolie til det.
c) Bland ingredienserne godt sammen.
d) Tilsæt det hakkede hvidløg i gryden.
e) Tilsæt tomater, oregano, salt, sort peber, perlesukker, timian og røget paprika i gryden.
f) Kog ingredienserne godt igennem.
g) Tilsæt de hakkede grønne bønner til blandingen.
h) Tilsæt grøntsagsfonden i gryden.
i) Bland ingredienserne godt sammen.
j) Læg et låg på toppen af gryden.
k) Kog de grønne bønner i ti til femten minutter.
l) Anret maden, når de grønne bønner er færdige.
m) Anret retten med hakket persille på toppen.

43.græsk linsesuppe

INGREDIENSER:
- En knivspids salt
- En knivspids sort peber
- To spiseskefulde olivenolie
- Et pund blandede linser
- En halv spiseskefuld hakket hvidløg
- To kopper hakkede tomater
- Halv kop hakket frisk timian
- Halv kop hakket frisk oregano
- En halv kop hakket frisk purløg
- En teskefuld blandet krydderipulver
- En halv teskefuld røget paprika
- Et laurbærblad
- En kop hakkede løg
- En kop hakket persille
- En kop grøntsagsfond
- En kop vand

INSTRUKTIONER:
a) Tag en stor pande.
b) Tilsæt de hakkede løg og olivenolie i det.
c) Bland ingredienserne godt sammen.
d) Tilsæt det hakkede hvidløg i gryden.
e) Tilsæt tomater, oregano, laurbærblad, salt, sort peber, timian, røget paprika, bland krydderipulver og purløg i gryden.
f) Kog ingredienserne godt igennem.
g) Tilsæt linserne i blandingen.
h) Tilsæt grøntsagsfond og vand i gryden.
i) 9. Bland suppen godt sammen.
j) Læg et låg på toppen af gryden.
k) Kog suppen i ti til femten minutter.
l) Anret suppen, når linserne er færdige.
m) Anret retten med hakket persille på toppen.

44. Græsk kikærtesuppe

INGREDIENSER:
- En kop hakkede løg
- En kop hakket persille
- En kop grøntsagsfond
- En kop vand
- En knivspids salt
- En knivspids sort peber
- To spiseskefulde olivenolie
- Et pund kikærter
- En halv spiseskefuld hakket hvidløg
- To kopper hakkede tomater
- Halv kop hakket frisk timian
- Halv kop hakket frisk oregano
- Halv kop hakket frisk purløg
- En teskefuld blandet krydderipulver
- En halv teskefuld røget paprika
- Et laurbærblad

INSTRUKTIONER:
a) Tag en stor pande.
b) Tilsæt de hakkede løg og olivenolie i det.
c) Bland ingredienserne godt sammen.
d) Tilsæt det hakkede hvidløg i gryden.
e) Tilsæt tomater, oregano, laurbærblad, salt, sort peber, timian, røget paprika, bland krydderipulver og purløg i gryden.
f) Kog ingredienserne godt igennem.
g) Tilsæt kikærterne i blandingen.
h) Tilsæt grøntsagsfond og vand i gryden.
i) Bland suppen godt sammen.
j) Læg et låg på toppen af gryden.
k) Kog suppen i ti til femten minutter.
l) Anret suppen, når kikærterne er færdige.
m) Anret retten med hakket persille på toppen.

45.Græsk Souvlaki

INGREDIENSER:
- En halv spiseskefuld hakket hvidløg,
- Tre spiseskefulde olivenolie
- To spiseskefulde granuleret sukker
- To spiseskefulde hakket persille
- En spiseskefuld røget paprika
- To spiseskefulde frisk oregano
- To spiseskefulde frisk timian
- En halv kop hakket frisk purløg
- En teskefuld blandet krydderipulver
- En halv teskefuld røget paprika
- Et pund kyllingelår
- Pita brød

INSTRUKTIONER:
a) Tag en stor skål.
b) Tilsæt alle ingredienserne i skålen.
c) Bland marinaden godt sammen.
d) Steg kyllingestykkerne over en grillpande.
e) Anret, når kyllingestykkerne er gyldenbrune på begge sider.
f) Server souvlakien med pitabrød ved siden af.

46. Græsk oksekød og aubergine Lasagne (Moussaka)

INGREDIENSER:
- En spiseskefuld hakket hvidløg
- To spiseskefulde friskhakket dild
- En kop fetaost
- To kopper oksefars
- En knivspids salt
- En knivspids knust sort peber
- En kop auberginestykker
- To spiseskefulde olivenolie
- Tre kopper babyspinat
- To kopper rødbrune kartofler
- En kop hakkede løg
- To kopper tomatsauce
- To kopper béchamelsauce

INSTRUKTIONER:
a) Tag en stor skål.
b) Tilsæt aubergine, oksefars, kartofler, babyspinat i en skål.
c) Bland olivenolie, salt og knust sort peber i skålen.
d) Bag ingredienserne i en ovn i cirka tyve minutter.
e) Tag en stor pande.
f) Tilsæt olivenolie og løg i gryden.
g) Kog løgene til de bliver bløde.
h) Tilsæt det hakkede hvidløg i gryden.
i) Kog ingredienserne godt igennem.
j) Tilsæt fetaost, salt og sort peber i gryden.
k) Bland alle ingredienserne godt sammen og tilsæt den hakkede dild i
l) pande.
m) Tilsæt det bagte oksekød og grøntsagerne i gryden og bland derefter
n) alt godt.
o) Tilsæt tomatsauce og béchamelsauce ovenpå grøntsagsblandingen.
p) Bages i yderligere ti minutter.

47. Middelhavskikærtesalat

INGREDIENSER:
- 2 dåser (15 ounce hver) kikærter, drænet og skyllet
- 1 kop cherrytomater, halveret
- 1 agurk, i tern
- ½ rødløg, finthakket
- ¼ kop Kalamata oliven, udstenede og skåret i skiver
- ¼ kop fetaost, smuldret
- 2 spsk ekstra jomfru olivenolie
- 2 spsk rødvinseddike
- 1 tsk tørret oregano
- Salt og peber efter smag

INSTRUKTIONER:
a) Kombiner kikærter, cherrytomater, agurk, rødløg og Kalamata-oliven i en stor salatskål.
b) I en lille skål piskes olivenolie, rødvinseddike, tørret oregano, salt og peber sammen.
c) Dryp dressingen over salaten og vend den sammen.
d) Top med smuldret fetaost.
e) Serveres afkølet og nyd!

48. Citronurtekylling med quinoa og fersken

INGREDIENSER:
TIL CITRONURT-KYLLINGEN:
- 1 lille kyllingelår (3 oz, udbenet, uden skind)
- ¼ citron, presset
- ¼ tsk paprika
- Salt og peber efter smag
- Canola eller vegetabilsk olie til grillning

TIL QUINOA OG FERSKENSALAT:
- 1 kop kogt quinoa
- 1 stor fersken, udkeret og hakket
- 2 spsk frisk basilikum, revet
- 10 halve pekannødder, hakket
- 1 tsk olivenolie

INSTRUKTIONER:
TIL CITRONURT-KYLLINGEN:
a) Kombiner citronsaft, paprika, salt og peber i en lille skål for at skabe en marinade.
b) Læg kyllingelåret i en genlukkelig plastikpose eller et lavt fad, og hæld marinaden over.
c) Luk posen eller dæk fadet, og mariner kyllingen i køleskabet i mindst 30 minutter, eller længere for mere smag.
d) Forvarm en grill eller grillpande over medium-høj varme, og pensl den med raps eller vegetabilsk olie.
e) Grill kyllingelåret i cirka 6-7 minutter på hver side, eller indtil det er gennemstegt og har grillmærker.
f) Tag kyllingen af grillen og lad den hvile et par minutter, inden den skæres i skiver.

TIL QUINOA OG FERSKENSALAT:
g) I en separat skål kombineres den kogte quinoa, hakket fersken, revet frisk basilikum og hakkede pecan-halvdele.
h) Dryp 1 tsk olivenolie over salaten og vend forsigtigt sammen.
i) Smag til med salt og peber efter smag.
j) Server grillet kylling med citronurter sammen med quinoa- og ferskensalaten.

49.Græsk salat wrap

INGREDIENSER:
- 2 fuldkornstortillas
- ¼ kop romainesalat eller blandet grønt
- 1 kop agurker i tern
- 1 kop hakkede tomater
- ½ kop rødløg i tern
- ¼ kop smuldret fetaost
- ¼ kop Kalamata oliven, udstenede og skåret i skiver
- 2 spsk ekstra jomfru olivenolie
- 2 spsk rødvinseddike
- 1 tsk tørret oregano
- Salt og peber efter smag

INSTRUKTIONER:

a) Kombiner agurker, tomater, rødløg, fetaost og Kalamata-oliven i en skål.
b) I en lille skål piskes olivenolie, rødvinseddike, tørret oregano, salt og peber sammen.
c) Dryp dressingen over salaten og vend den sammen.
d) Lun fuldkornstortillaerne i en gryde eller mikroovn.
e) Læg din salat oven på tortillaerne.
f) Hæld salatblandingen på tortillaerne, fold i siderne og rul dem sammen som en wrap.
g) Skær i halve og server.

50. Middelhavs quinoasalat

INGREDIENSER:
- 1 kop quinoa
- 2 kopper vand
- 1 kop cherrytomater, halveret
- 1 agurk, i tern
- ½ rød peberfrugt i tern
- ¼ kop rødløg, finthakket
- ¼ kop frisk persille, hakket
- ¼ kop fetaost, smuldret
- 2 spsk ekstra jomfru olivenolie
- 2 spsk citronsaft
- 1 tsk tørret oregano
- Salt og peber efter smag

INSTRUKTIONER:
a) Skyl quinoaen under koldt vand.
b) Kombiner quinoa og vand i en gryde, bring det i kog, og reducer det til et simre. Dæk til og kog i cirka 15 minutter, eller indtil vandet er absorberet.
c) Bland den kogte quinoa, cherrytomater, agurk, rød peberfrugt, rødløg og frisk persille i en stor skål.
d) I en lille skål piskes olivenolie, citronsaft, tørret oregano, salt og peber sammen.
e) Dryp dressingen over salaten og vend den sammen.
f) Top med smuldret fetaost.
g) Serveres afkølet og nyd!

51.Salat med middelhavstun og hvide bønner

INGREDIENSER:
- 1 dåse (6 ounce) tun i vand, drænet
- 1 dåse (15 ounce) hvide bønner, drænet og skyllet
- ½ kop cherrytomater, halveret
- ¼ kop rødløg, finthakket
- 2 spsk frisk basilikum, hakket
- 2 spsk ekstra jomfru olivenolie
- 1 spsk rødvinseddike
- 1 fed hvidløg, hakket
- Salt og peber efter smag

INSTRUKTIONER:

a) I en skål kombineres den drænede tun, hvide bønner, cherrytomater, rødløg og frisk basilikum.

b) I en lille skål piskes olivenolie, rødvinseddike, hakket hvidløg, salt og peber sammen.

c) Dryp dressingen over salaten og vend den sammen.

d) Server denne middelhavstun- og hvide bønnesalat som en lækker og proteinpakket frokost.

52. Blæksprutte og ris

INGREDIENSER:
- 6 oz. skaldyr (alt efter eget valg)
- 3 fed hvidløg
- 1 mellemstort løg (skåret i skiver)
- 3 spsk olivenolie
- 1 grøn peber (skåret i skiver)
- 1 spiseskefulde blækspruttebæk
- 1 bundt persille
- 2 spsk paprika
- 550 gram blæksprutte (renset)
- 1 spsk salt
- 2 selleri (i tern)
- 1 frisk laurbærblad
- 2 mellemstore tomater (revet)
- 300 g calasparra ris
- 125 ml hvidvin
- 2 dl fiskefond
- 1 citron

INSTRUKTIONER:
a) I en stegepande hældes olivenolie. Kombiner løg, laurbærblad, peber og hvidløg i en røreskål. Tillad et par minutters stegning.
b) Smid blæksprutte og skaldyr i. Kog i et par minutter, og fjern derefter blæksprutten/skaldyrene.
c) I en stor røreskål kombineres paprika, tomater, salt, selleri, vin og persille. Lad grøntsagerne koge færdig i 5 minutter.
d) Smid de skyllede ris i gryden. Bland fiskefond og blækspruttebæk i en røreskål.
e) Kog i alt 10 minutter. Kombiner skaldyr og blæksprutter i en stor røreskål.
f) Kog i 5 minutter mere.
g) Server med aioli eller citron.

GRÆSK MIDDAG

53. Græske fyldte drueblade

INGREDIENSER:
- Halv kop kogte ris
- En kop tomatpure
- To spiseskefulde usaltet smør
- Tre spiseskefulde granuleret sukker
- To kopper kogt oksekød
- En teskefuld hakket ingefær
- To kopper blandet ost
- Frisk hakket persille
- To spiseskefulde olivenolie
- Et pund vindrueblade
- To kopper tomater
- En knivspids salt
- En knivspids sort peber
- En kop hakkede rødløg
- En spiseskefuld hakket hvidløg

INSTRUKTIONER:
a) Tag en stor pande.
b) Tilsæt smør og hakkede løg i gryden.
c) Kog løget til det bliver blødt.
d) Tilsæt hvidløg og ingefær samt oksefars, tomater og tomatpure.
e) Kog oksekødet godt i cirka ti minutter.
f) Tilsæt perlesukker, kogte ris, salt og peber.
g) Bland det hele godt sammen og skål ud.
h) Rens vindruebladene og tilsæt den kogte blanding deri.
i) Rul druebladene.
j) Kom den blandede ost ovenpå og læg vindruebladene på en smurt bageplade.
k) Damp druebladene i omkring ti til femten minutter.
l) Pynt vindruebladene med friskhakket persilleblade.

54.Græsk bagt Orzo

INGREDIENSER:
- En kop ukogt orzo
- To kopper kyllingestykker
- Otte ounces friskskåret spinat
- En spiseskefuld frisk dild
- Fire teskefulde olivenolie
- En teskefuld tørret oregano
- To fed hakket hvidløg
- To kopper sødmælk
- Fem ounces soltørrede tomater
- En kop smuldret fetaost
- En teskefuld citronpeber
- En teskefuld salt
- En teskefuld peber

INSTRUKTIONER:
a) Tag en stor skål.
b) Tilsæt peber, citronpeber, frisk dild, tørret oregano og salt i skålen.
c) Bland alle ingredienserne godt sammen.
d) Tilsæt kyllingestykkerne, orzo, olivenolie og spinat i skålen.
e) Bland ingredienserne godt sammen og tilsæt det hakkede hvidløg og resten af ingredienserne.
f) Bland alle ingredienserne i begge skåle sammen.
g) Hæld blandingen i en smurt bradepande.
h) Bag orzoen i femogtyve til tredive minutter.
i) Fordel orzoen, når den er færdig.
j) Retten er klar til at blive serveret.

55.Græsk Spanakopita

INGREDIENSER:
TIL DEJ:
- To kopper universalmel
- To teskefulde fint havsalt
- Halv kop usaltet blødt smør
- To hele æg
- En kvart kop isvand

TIL FYLDNING:
- En kop fetaost
- Fire æg
- En halv teskefuld frisk revet muskatnød
- En knivspids salt
- En spiseskefuld olivenolie
- En kvart kop hakket løg
- En teskefuld hakket hvidløg
- En spiseskefuld mælk
- Halv kop hakket spinat
- En knivspids knust sort peber

INSTRUKTIONER:
a) Tag en stor skål.
b) Tilsæt mel og havsalt i skålen.
c) Bland ingredienserne godt og tilsæt æg, vand og blødgjort smør i skålen.
d) Bland alle ingredienserne godt sammen til en dej.
e) Tag en stor pande.
f) Tilsæt olivenolien i gryden.
g) Tilsæt løg og hvidløg, når olien varmer.
h) Kog løgene til de bliver bløde.
i) Bland æggene og tilsæt den hakkede spinat i gryden.
j) Kog ingredienserne til spinaten er visnet.
k) Tilsæt fetaost, mælk, sort peber, salt og friskrevet muskatnød i gryden.
l) Kog ingredienserne i cirka fem minutter.
m) Sluk for komfuret og lad blandingen køle af.
n) Rul dejen ud og læg halvdelen af den i et rundt bradefad.
o) Tilsæt den kogte blanding til dejen og dæk blandingen med resten af dejen.
p) Bag spanakopitaen i omkring tyve til femogtyve minutter.
q) Fordel spanakopitaen, når den er færdig.

56.Græske ostetærter (Tiropita)

INGREDIENSER:
- En kvart kop græsk fetaost
- En kop gruyere ost
- En kop mælk
- Fire hele æg
- En kvart kop Philadelphia ost
- en halv kop smeltet smør
- En pakke økologiske filoplader
- En kvist friske timianblade
- To spiseskefulde sesamfrø
- En knivspids salt
- En knivspids friskkværnet sort peber

INSTRUKTIONER:
a) Tag en stor pande.
b) Tilsæt smørret i gryden og smelt det.
c) Tilsæt sesamfrø, æg, salt og peber i gryden.
d) Kog æggene godt igennem, og tilsæt derefter timian i gryden.
e) Kog retten i to til tre minutter og anret den derefter.
f) Tilsæt mælk, philadelphiaost, græsk fetaost og gruyereost, når blandingen er afkølet.
g) Bland alt godt.
h) Skær filopladerne i den ønskede form og tilsæt ovenstående blanding i midten.
i) Læg tærterne på en smurt bageplade.
j) Sæt bagepladen i en forvarmet ovn.
k) Bag tærterne i omkring femogfyrre til halvtreds minutter.
l) Fordel tærterne, når de får en gyldenbrun farve.
m) Retten er klar til at blive serveret.

57. Græske Langsomt Kogte Lammegyros

INGREDIENSER:
- Fire fladbrød
- Halv kop grøntsagsbouillon
- En kvart kop citronsaft
- En kop tzatziki sauce
- Halv kop hakket rødløg
- Halv kop hakkede tomater
- Halv kop romainesalat
- En spiseskefuld hakket hvidløg
- En kop tomatpure
- To spiseskefulde olivenolie
- En spiseskefuld hvidløgspulver
- En spiseskefuld tørret timian
- En halv teskefuld stødt kanel
- To spiseskefulde chilipulver
- En kvart teskefuld frisk muskatnød
- En knivspids havsalt
- To kopper lammestykker

INSTRUKTIONER:
a) Tag en stor pande.
b) Tilsæt olivenolie og hvidløg i gryden.
c) Tilsæt oregano, tomatpure, røget paprika, muskatnød, chilipulver, timian og salt.
d) Tilsæt grøntsagsbouillon, citronsaft og lammestykker i gryden.
e) Sænk komfuret og kog i cirka tredive minutter.
f) Kog ingredienserne godt i cirka femten minutter.
g) Bag fladbrødene i cirka to-tre minutter.
h) Skær fladbrødene imellem for at danne en posestruktur.
i) Tilsæt den kogte blanding i fladbrødet og beklæd det med tzatzikisauce, romainesalat, skivede tomater og rødløg.

58.Græske lammefyldte courgetter

INGREDIENSER:
- Fire spiseskefulde olivenolie
- En kop hakket løg
- En teskefuld kanel
- Fire hakkede hvidløg
- En kvart kop rosiner
- Seks courgetter
- To kopper lammefars
- En kvart kop hakkede rosiner
- To spiseskefulde pinjekerner
- En kop fetaost
- Hakkede mynteblade

INSTRUKTIONER:
a) Tag en pande.
b) Tilsæt olie i gryden.
c) Tilsæt alle ingredienserne undtagen mynte, fetaost og courgetter i gryden.
d) Kog ingredienserne godt og kværn dem derefter.
e) Tilsæt pastaen oven på courgetterne og dæk den med fetaost.
f) Bag courgetterne i cirka ti til femten minutter.
g) Anret courgetterne og pynt dem med hakkede mynteblade.

59. Græsk lam Kleftiko

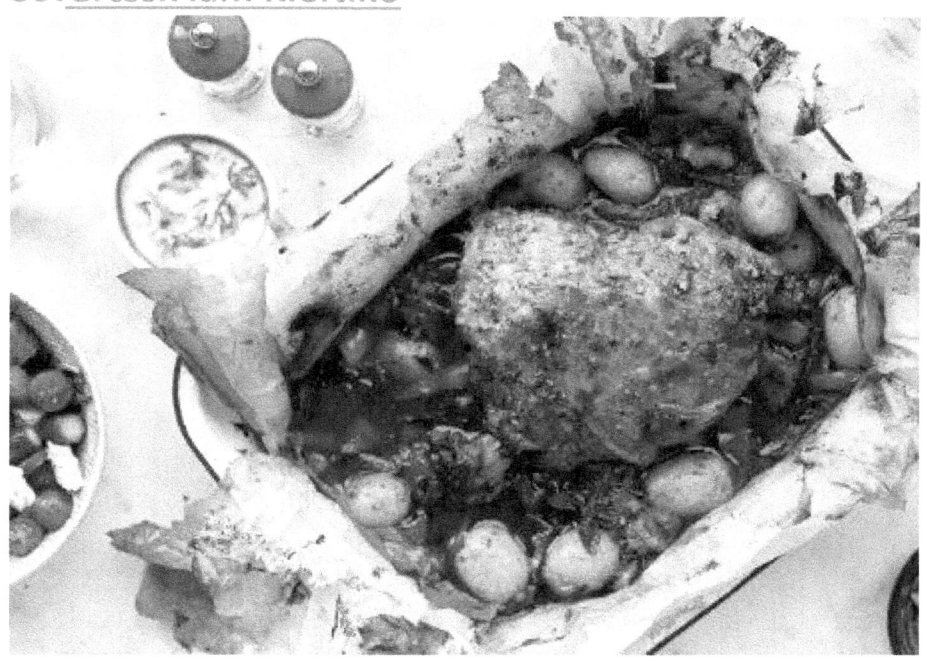

INGREDIENSER:
- To kopper lammestykker
- En spiseskefuld frisk dild
- Fire teskefulde olivenolie
- En teskefuld tørret oregano
- To fed hakket hvidløg
- To kopper sødmælk
- Fem ounces soltørrede tomater
- En kop smuldret fetaost
- En teskefuld citronpeber
- En teskefuld salt
- En teskefuld peber

INSTRUKTIONER:
a) Tag en stor skål.
b) Tilsæt peber, citronpeber, frisk dild, tørret oregano og salt i skålen.
c) Bland alle ingredienserne godt sammen.
d) Kom lammestykkerne og olivenolie i skålen.
e) Bland ingredienserne godt sammen og tilsæt det hakkede hvidløg og resten af ingredienserne.
f) Bland alle ingredienserne i begge skåle sammen.
g) Tilsæt blandingen til en smurt ovnfast fad.
h) Bag lammekleftikoen i femogtyve til tredive minutter.
i) Anret kleftikoen, når den er færdig.
j) Retten er klar til at blive serveret.

60.Krydrede lammekoeletter med røget aubergine

INGREDIENSER:
- To kopper lammestykker
- En spiseskefuld frisk dild
- Fire teskefulde olivenolie
- En teskefuld tørret oregano
- To teskefulde blandet krydderi
- To fed hakket hvidløg
- To kopper aubergine
- En kop smuldret fetaost
- En teskefuld citronpeber
- En teskefuld salt
- En teskefuld peber

INSTRUKTIONER:
a) Tag en stor skål.
b) Tilsæt peber, auberginestykker, blandet krydderi, citronpeber, frisk dild, tørret oregano og salt i skålen.
c) Bland alle ingredienserne godt sammen.
d) Kom lammestykkerne og olivenolie i skålen.
e) Bland ingredienserne godt sammen og tilsæt det hakkede hvidløg og resten af ingredienserne.
f) Bland alle ingredienserne i begge skåle sammen.
g) Tilsæt blandingen til en smurt ovnfast fad.
h) Grill lam og aubergine i femogtyve til tredive minutter.
i) Anret lam og aubergine, når de er færdige.
j) Retten er klar til at blive serveret.

61.Græsk aboriginer og lammepasticcio

INGREDIENSER:
- En spiseskefuld hakket hvidløg
- To spiseskefulde friskhakket dild
- En kop fetaost
- To kopper lammefars
- En knivspids salt
- En knivspids knust sort peber
- En kop auberginestykker
- To spiseskefulde olivenolie
- Tre kopper babyspinat
- To kopper rødbrune kartofler
- En kop hakkede løg
- To kopper tomatsauce
- To kopper béchamelsauce

INSTRUKTIONER:
a) Tag en stor skål.
b) Tilsæt aubergine, lammefars, kartofler, babyspinat i en skål.
c) Bland olivenolie, salt og knust sort peber i skålen.
d) Bag ingredienserne i en ovn i cirka tyve minutter.
e) Tag en stor pande.
f) Tilsæt olivenolie og løg i gryden.
g) Kog løgene til de bliver bløde.
h) Tilsæt det hakkede hvidløg i gryden.
i) Kog ingredienserne godt igennem.
j) Tilsæt fetaost, salt og sort peber i gryden.
k) Bland alle ingredienserne godt sammen og tilsæt den hakkede dild i
l) pande.
m) Tilsæt det bagte lam og grøntsagerne i gryden og bland derefter
n) alt godt.
o) Tilsæt tomatsauce og béchamelsauce ovenpå grøntsagsblandingen.
p) Bages i yderligere ti minutter.

62.Græsk grøn salat med marineret feta

INGREDIENSER:
TIL DRESSINGEN:
- En halv teskefuld kosher salt
- To teskefulde friskkværnet sort peber
- En kvart kop rødvinseddike
- Halv kop olivenolie
- To spiseskefulde hakket hvidløg
- To teskefulde frisk oregano
- En halv teskefuld tørret oregano

TIL SALAT:
- En kop marineret fetaost
- Et halvt pund brødskiver
- En halv teskefuld hakket hvidløg
- To spiseskefulde olivenolie
- Halv kop Kalamata oliven
- En kop rød-orange peberfrugt
- En kop engelsk agurk
- En kop cherrytomater

INSTRUKTIONER:
a) Tag en lille skål.
b) Tilsæt olivenolie og hakket hvidløg heri.
c) Bland det godt og fordel det på brødskiverne.
d) Fordel brødskiverne, når de er færdige.
e) Tag en stor skål.
f) Tilsæt engelsk agurk, Kalamata-oliven, rød-orange peberfrugt, cherrytomater og marineret fetaost i skålen.
g) Bland det hele godt og sæt det til side.
h) Tag en lille skål.
i) Tilsæt olivenolie, rødvinseddike, kosher salt, hakket hvidløg, friskkværnet sort peber, frisk oregano og tørret oregano.
j) Bland alt godt.
k) Hæld denne dressing på den forberedte salat.
l) Bland det hele godt og tilsæt de ristede brødskiver til siden.

63.græske lamme pitas

INGREDIENSER:
- To spiseskefulde olivenolie
- To skiver pitabrød
- To store æg
- En moden cherrytomat
- To kopper lammestykker
- En kop hakket løg
- Halv kop hakket basilikum
- En kvart kop smuldret fetaost
- En knivspids salt
- En knivspids sort peber
- En flok hakket koriander

INSTRUKTIONER:
a) Tag en stor pande.
b) Tilsæt olivenolien i gryden.
c) Tilsæt løg og salt i gryden.
d) Kog løgene godt og tilsæt derefter den sorte peber i gryden.
e) Tilsæt lammestykkerne i blandingen.
f) Tilsæt den hakkede basilikum i blandingen.
g) Kog ingredienserne godt i cirka femten minutter.
h) Anret, når lammestykkerne er færdige.
i) Lad kødet køle af og tilsæt derefter den smuldrede fetaost deri.
j) Bland godt.
k) Varm pitabrødene op.
l) Skær et hul i brødet og tilsæt den kogte blanding deri.
m) Pynt brødet med hakket koriander.

64. Middelhavsbagt laks

INGREDIENSER:
TIL DEN BAGTE LAKS:
- 2 laksefileter (6 ounce hver)
- 2 fed hvidløg, hakket
- 2 spsk ekstra jomfru olivenolie
- 1 citron, saftet
- 1 tsk tørret oregano
- Salt og peber efter smag

TIL GRÆSK SALAT:
- 1 agurk, i tern
- 1 kop cherrytomater, halveret
- ½ rødløg, finthakket
- ¼ kop Kalamata oliven, udstenede og skåret i skiver
- ¼ kop smuldret fetaost
- 2 spsk ekstra jomfru olivenolie
- 2 spsk rødvinseddike
- 1 tsk tørret oregano
- Salt og peber efter smag

INSTRUKTIONER:
TIL DEN BAGTE LAKS:
a) Forvarm ovnen til 375°F (190°C).
b) I en lille skål piskes hakket hvidløg, ekstra jomfru olivenolie, citronsaft, tørret oregano, salt og peber sammen.
c) Læg laksefileterne på en bageplade beklædt med bagepapir.
d) Pensl laksen med citron- og hvidløgsblandingen.
e) Bages i 15-20 minutter eller indtil lakseflagerne let flager med en gaffel.

TIL GRÆSK SALAT:
f) I en stor salatskål kombineres agurk i tern, cherrytomater, rødløg, Kalamata-oliven og smuldret fetaost.
g) I en lille skål piskes ekstra jomfru olivenolie, rødvinseddike, tørret oregano, salt og peber sammen.
h) Dryp dressingen over salaten og vend den sammen.
i) Server den bagte laks sammen med den græske salat.

65. Mediterranean Quinoa fyldte peberfrugter

INGREDIENSER:
- 4 store peberfrugter (alle farver)
- 1 kop quinoa
- 2 kopper vand
- 1 dåse (15 ounce) kikærter, drænet og skyllet
- ½ kop hakkede tomater
- ¼ kop hakket frisk persille
- ¼ kop smuldret fetaost
- 2 spsk ekstra jomfru olivenolie
- 1 spsk citronsaft
- 1 tsk tørret oregano
- Salt og peber efter smag
- Basilikumblade, til pynt

INSTRUKTIONER:
a) Forvarm ovnen til 375°F (190°C).
b) Skær toppen af peberfrugten og fjern kerner og hinde.
c) Kombiner quinoa og vand i en gryde, bring det i kog, og reducer det til et simre. Dæk til og kog i cirka 15 minutter, eller indtil vandet er absorberet.
d) Bland den kogte quinoa, kikærter, hakkede tomater, hakket frisk persille og smuldret fetaost i en skål.
e) Tilsæt den ekstra jomfru olivenolie, citronsaft, tørret oregano, salt og peber til quinoablandingen. Bland godt.
f) Fyld peberfrugterne med quinoa- og kikærteblandingen.
g) Læg de fyldte peberfrugter i et ovnfast fad, dæk med aluminiumsfolie og bag dem i cirka 30 minutter.
h) Fjern folien og bag i yderligere 10 minutter, eller indtil peberfrugterne er møre og toppen er let brunet.
i) Server, pyntet med basilikumblade.

66. Middelhavs-linser og grøntsagsgryderet

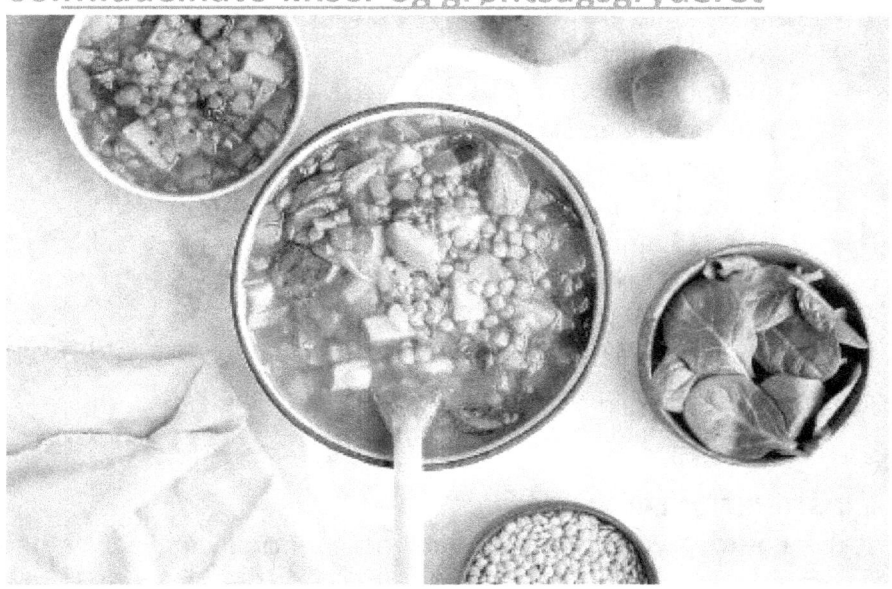

INGREDIENSER:
- 1 kop grønne eller brune linser, skyllet og drænet
- 4 kopper grøntsagsbouillon
- 2 gulerødder i tern
- 2 selleristængler, skåret i tern
- 1 løg, finthakket
- 2 fed hvidløg, hakket
- 1 dåse (15 ounce) tomater i tern
- 1 tsk tørret oregano
- 1 tsk tørret timian
- Salt og peber efter smag
- 2 spsk ekstra jomfru olivenolie
- Frisk persille til pynt1 kop babyspinat

INSTRUKTIONER:
a) I en stor gryde opvarmes den ekstra jomfruolivenolie over medium varme.
b) Tilsæt det hakkede løg, gulerødder og selleri. Sauter i cirka 5 minutter, indtil de begynder at blive bløde.
c) Rør hakket hvidløg, tørret oregano og tørret timian i. Kog i endnu et minut.
d) Tilsæt linser, grøntsagsbouillon og hakkede tomater. Bring i kog.
e) Reducer varmen, læg låg på og lad det simre i cirka 25-30 minutter, eller indtil linserne er møre.
f) Lige inden servering røres spinaten i, indtil den er visnet.
g) Smag til med salt og peber efter smag.
h) Server middelhavslinser- og grøntsagsgryden varm, pyntet med frisk persille.

67. Grillede grøntsager og halloumi spyd

INGREDIENSER:
TIL SKYDDENE:
- 1 rød peberfrugt, skåret i stykker
- 1 gul peberfrugt, skåret i stykker
- 1 zucchini, skåret i runde skiver
- 1 rødløg, skåret i stykker
- 8 cherrytomater
- 8 træspyd, opblødt i vand
- 8 ounce halloumi ost, skåret i tern

TIL MARINADEN:
- 2 spsk ekstra jomfru olivenolie
- 2 spsk citronsaft
- 1 tsk tørret oregano
- Salt og peber efter smag

INSTRUKTIONER:
a) Forvarm en grill til medium-høj varme.
b) Træk peberfrugt, zucchini, rødløg, cherrytomater og halloumi-ost skiftevis på de udblødte træspyd.
c) I en lille skål piskes ekstra jomfru olivenolie, citronsaft, tørret oregano, salt og peber sammen for at lave marinaden.
d) Pensl spyddene med marinaden.
e) Grill spyddene i cirka 3-4 minutter på hver side, eller indtil grøntsagerne er møre og halloumiosten er let brunet.

68.Middelhavsrejer og spinat sauteres

INGREDIENSER:
- 8 ounce store rejer, pillede og deveirede
- 2 spsk ekstra jomfru olivenolie
- 2 fed hvidløg, hakket
- 6 kopper frisk spinat
- ½ kop cherrytomater, halveret
- 1 spsk citronsaft
- ½ tsk tørret oregano
- Salt og peber efter smag
- 1 til 2 zucchini halveret på langs, skåret i ½ måner
- 1 kop kogte kikærter fra dåse kikærter, drænet
- Fetaost crumbles (valgfrit)
- Håndfuld friske basilikumblade, revet

INSTRUKTIONER:
a) I en stor stegepande opvarmes den ekstra jomfruolivenolie over medium-høj varme.
b) Tilsæt det hakkede hvidløg og svits i cirka 30 sekunder, indtil det dufter.
c) Tilsæt squashskiverne og kog i 3-4 minutter, eller indtil de begynder at blive bløde og let brune.
d) Skub zucchinien til siden af gryden og tilsæt rejerne.
e) Steg i 2-3 minutter på hver side, eller indtil de bliver lyserøde og uigennemsigtige.
f) Tilsæt kikærter, cherrytomater og frisk spinat til stegepanden. Sauter indtil spinaten visner og tomaterne er bløde.
g) Dryp med citronsaft og drys med tørret oregano, salt og peber.
h) Rør for at kombinere og kog i yderligere et minut.
i) Drys eventuelt med fetaostcrumbles og revet friske basilikumblade inden servering.

GRÆSK VEGETAR

69.Græske Jackfruit Gyros

INGREDIENSER:
- Fire fladbrød
- Halv kop grøntsagsbouillon
- En kvart kop citronsaft
- En kop tzatziki sauce
- Halv kop hakket rødløg
- Halv kop hakkede tomater
- Halv kop romainesalat
- En spiseskefuld hakket hvidløg
- En kop tomatpure
- To spiseskefulde olivenolie
- En spiseskefuld hvidløgspulver
- En spiseskefuld tørret timian
- En halv teskefuld stødt kanel
- To spiseskefulde chilipulver
- En kvart teskefuld frisk muskatnød
- En knivspids havsalt
- To kopper jackfruit-stykker

INSTRUKTIONER:
a) Tag en stor pande.
b) Tilsæt olivenolie og hvidløg i gryden.
c) Tilsæt oregano, tomatpure, røget paprika, muskatnød, chilipulver, timian og salt.
d) Tilsæt grøntsagsbouillon, citronsaft og jackfrugtstykker i gryden.
e) Kog ingredienserne godt i cirka fem minutter.
f) Bag fladbrødene i cirka to-tre minutter.
g) Skær fladbrødene imellem for at danne en posestruktur.
h) Tilsæt den kogte blanding i fladbrødet og beklæd det med tzatzikisauce, romainesalat, skivede tomater og rødløg.

70.Græsk Vegan Skordalia

INGREDIENSER:
- En kvart kop mandelmel
- Halv kop olivenolie
- En rødbrun kartoffel
- To spiseskefulde citronsaft
- To teskefulde rødvinseddike
- Ti fed hakket hvidløg
- En halv teskefuld salt

INSTRUKTIONER:
a) Tag en gryde.
b) Kog kartoflerne i gryden.
c) Dræn kartoflerne, når de er færdige.
d) Mos kartoflerne.
e) Tilsæt hvidløg, citronsaft, mandelmel, salt, rødvinseddike og olivenolie i kartoffelmosen.
f) Bland alt godt.

71. Græsk Orzo-pastasalat med vegansk feta

INGREDIENSER:
- Et hakket rødløg
- Otte ounces orzo pasta
- Halv kop Kalamata oliven
- To kopper cherrytomater
- Halv kop hakket persille
- To kopper vegansk ost
- En hakket agurk
- En kop citrondressing

INSTRUKTIONER:
a) Tag en gryde og tilsæt vandet i den.
b) Kog vandet og tilsæt orzo-pastaen deri.
c) Dræn orzo-pastaen, når den er færdig.
d) Tilsæt resten af ingredienserne i pastaen.
e) Bland alt godt.

72. Græske kikærtegyros

INGREDIENSER:
- Fire fladbrød
- Halv kop grøntsagsbouillon
- En kvart kop citronsaft
- En kop tzatziki sauce
- Halv kop hakket rødløg
- Halv kop hakkede tomater
- Halv kop romainesalat
- En spiseskefuld hakket hvidløg
- En kop tomatpure
- To spiseskefulde olivenolie
- En spiseskefuld hvidløgspulver
- En spiseskefuld tørret timian
- En halv teskefuld stødt kanel
- To spiseskefulde chilipulver
- En kvart teskefuld frisk muskatnød
- En knivspids havsalt
- To kopper kikærtestykker

INSTRUKTIONER:
a) Tag en stor pande.
b) Tilsæt olivenolie og hvidløg i gryden.
c) Tilsæt oregano, tomatpure, røget paprika, muskatnød, chilipulver, timian og salt.
d) Tilsæt grøntsagsbouillon, citronsaft og kikærtestykker i gryden.
e) Kog ingredienserne godt i cirka tyve minutter.
f) Bag fladbrødene i cirka to-tre minutter.
g) Skær fladbrødene imellem for at danne en posestruktur.
h) Tilsæt den kogte blanding i fladbrødet og beklæd det med tzatzikisauce, romainesalat, skivede tomater og rødløg.

73. Græsk vegetarisk Moussaka

INGREDIENSER:
- En spiseskefuld hakket hvidløg
- To spiseskefulde friskhakket dild
- En kop fetaost
- To kopper zucchini stykker
- En knivspids salt
- En knivspids knust sort peber
- En kop auberginestykker
- To spiseskefulde olivenolie
- Tre kopper babyspinat
- To kopper rødbrune kartofler
- En kop hakkede løg
- To kopper tomatsauce
- To kopper béchamelsauce

INSTRUKTIONER:
a) Tag en stor skål.
b) Tilsæt aubergine, zucchinistykker, kartofler, babyspinat i en skål.
c) Bland olivenolie, salt og knust sort peber i skålen.
d) Bag ingredienserne i en ovn i cirka tyve minutter.
e) Tag en stor pande.
f) Tilsæt olivenolie og løg i gryden.
g) Kog løgene til de bliver bløde.
h) Tilsæt det hakkede hvidløg i gryden.
i) Kog ingredienserne godt igennem.
j) Tilsæt fetaost, salt og sort peber i gryden.
k) Bland alle ingredienserne godt sammen og tilsæt den hakkede dild i
l) pande.
m) Tilsæt de bagte grøntsager i gryden og bland derefter det hele
n) godt.
o) Tilsæt tomatsauce og béchamelsauce ovenpå grøntsagsblandingen.
p) Bages i yderligere ti minutter.

74.Græsk bagt zucchini og kartofler

INGREDIENSER:
- Halv kop hakket persille
- To spiseskefulde oregano blade
- En spiseskefuld rosmarinblade
- To spiseskefulde persilleblade
- Halv kop hakket løg
- To spiseskefulde olivenolie
- Halv kop basilikumblade
- En kop rød peberfrugt
- En spiseskefuld knust rød peber
- En halv teskefuld fennikelblade
- En knivspids kosher salt
- En knivspids sort peber
- En kop auberginestykker
- En kop zucchini stykker
- En kop hakket purløg
- En kop cherrytomater
- Halv kop velsmagende sommerkviste
- To spiseskefulde hakket hvidløg
- To spiseskefulde tørret timian

INSTRUKTIONER:
a) Tag en stor pande.
b) Tilsæt olivenolie og hakkede løg deri.
c) Kog løgene, indtil de bliver lysebrune.
d) Tilsæt det hakkede hvidløg i gryden.
e) Kog blandingen i fem minutter.
f) Smag blandingen til med salt og peber.
g) Tilsæt krydderierne og alle grøntsagerne.
h) Knus cherrytomater i en skål og tilsæt salt.
i) Fordel blandingen på en tallerken, når grøntsagerne er færdige.
j) Tilsæt de knuste tomater i gryden.
k) Kog tomaterne i ti minutter, eller indtil de bliver bløde.
l) Tilsæt grøntsagsblandingen i gryden igen.
m) Tilsæt resten af ingredienserne i gryden og bag det i cirka femten minutter.

75. Græsk vegetarisk ris

INGREDIENSER:
- Tre kopper hakkede blandede grøntsager
- To teskefulde citronsaft
- Halv kop hakkede løg
- To spiseskefulde hakket hvidløg
- To spiseskefulde olivenolie
- En knivspids salt
- En knivspids sort peber
- En kvart kop tørret mynte
- To spiseskefulde hakket frisk dild
- To pund riskorn
- To kopper tomatpure
- To kopper vand

INSTRUKTIONER:
a) Tag en stor gryde.
b) Kom vandet i gryden og smag til med salt.
c) Kog vandet og tilsæt derefter risene i vandet.
d) Kog risene og dræn dem derefter.
e) Tag en stor pande.
f) Tilsæt olivenolien og varm den godt op.
g) Tilsæt de hakkede løg i gryden og steg det, indtil det bliver blødt og duftende.
h) Tilsæt det hakkede hvidløg i gryden.
i) Tilsæt grøntsager, tomatpure, citronsaft, salt og knust sort peber i gryden.
j) Kog ingredienserne i cirka ti minutter.
k) Tilsæt de kogte ris i gryden og bland godt.
l) Tilsæt den tørrede mynte og hakket dild i gryden.
m) Læg et låg på toppen af gryden.
n) Kog risene i cirka fem minutter ved lav varme.

76.Græske Gigantes Plaki

INGREDIENSER:
- Fire spiseskefulde finthakket selleri
- Halv kop varmt vand
- To kopper finthakkede tomater
- En teskefuld tørrede oreganoblade
- En knivspids friskkværnet sort peber
- En knivspids kosher salt
- Halv kop olivenolie
- To spiseskefulde hakket hvidløg
- To kopper gigantes plaki
- Halv kop hakket løg
- Fire spiseskefulde finthakket persille

INSTRUKTIONER:
a) Tag en pande.
b) Tilsæt olivenolie og løg.
c) Kog løgene til de bliver bløde og velduftende.
d) Tilsæt det hakkede hvidløg i gryden.
e) Kog blandingen og tilsæt tomaterne.
f) Dæk fadet med låg.
g) Kog tomaterne til de bliver bløde.
h) Tilsæt bønnerne i gryden.
i) Kog i fem minutter.
j) Tilsæt vand, salt og sort peber i gryden.
k) Bland ingredienserne forsigtigt og dæk gryden til.
l) Når bønnerne er kogte, opdeles de.
m) Pynt retten med hakket bladselleri og persilleblade på toppen.

77.Græske tomatfritter

INGREDIENSER:
- En kop hakkede tomater
- En kop rødløg
- En kop gram mel
- En knivspids salt
- To spiseskefulde blandet krydderi
- Halv kop hakket dild
- Halv kop hakket koriander
- Vegetabilsk olie

INSTRUKTIONER:
a) Tag en stor skål.
b) Tilsæt det hele i skålen og bland godt.
c) Tilsæt vand i skålen for at danne en blanding.
d) Opvarm en stegepande og tilsæt vegetabilsk olie i den.
e) Kom forsigtigt en skefuld dej i gryden og kog dem i et par minutter.
f) Anret det, når fritterne bliver lysebrune i farven.

78. Græske kikærtefritter

INGREDIENSER:
- En kop parboiled kikærter
- En kop rødløg
- En kop gram mel
- En knivspids salt
- To spiseskefulde blandet krydderi
- Halv kop hakket dild
- Halv kop hakket koriander
- Vegetabilsk olie

INSTRUKTIONER:
a) Tag en stor skål.
b) Tilsæt det hele i skålen og bland godt.
c) Tilsæt vand i skålen for at danne en blanding.
d) Opvarm en stegepande og tilsæt vegetabilsk olie i den.
e) Kom forsigtigt en skefuld dej i gryden og kog dem i et par minutter.
f) Anret det, når fritterne bliver lysebrune i farven.

79. Græsk gryderet med hvide bønner

INGREDIENSER:
- En kop hakkede løg
- En kop hakket persille
- En kop grøntsagsfond
- En kop vand
- En knivspids salt
- En knivspids sort peber
- To spiseskefulde olivenolie
- Et pund hvide bønner
- En halv spiseskefuld hakket hvidløg
- To kopper hakkede tomater
- Halv kop hakket frisk timian
- Halv kop hakket frisk oregano
- En halv kop hakket frisk purløg
- En teskefuld blandet krydderipulver
- En halv teskefuld røget paprika
- Et laurbærblad

INSTRUKTIONER:
a) Tag en stor pande.
b) Tilsæt de hakkede løg og olivenolie i det.
c) Bland ingredienserne godt sammen.
d) Tilsæt det hakkede hvidløg i gryden.
e) Tilsæt tomater, oregano, laurbærblad, salt, sort peber, timian, røget paprika, bland krydderipulver og purløg i gryden.
f) Kog ingredienserne godt igennem.
g) Tilsæt de hvide bønner i blandingen.
h) Tilsæt grøntsagsfond og vand i gryden.
i) Bland stuvningen godt sammen.
j) Læg et låg på toppen af gryden.
k) Kog gryderet i ti til femten minutter.
l) Anret gryderet, når bønnerne er færdige.
m) Anret retten med hakket persille på toppen.

80.Græsk vegetarisk Bamie s

INGREDIENSER:
- En kop hakkede løg
- En kop hakket persille
- En kop grøntsagsfond
- En kop vand
- En knivspids salt
- En knivspids sort peber
- To spiseskefulde olivenolie
- Et pund okra
- En halv spiseskefuld hakket hvidløg
- To kopper hakkede tomater
- Halv kop hakket frisk timian
- Halv kop hakket frisk oregano
- En halv kop hakket frisk purløg
- En teskefuld blandet krydderipulver
- En halv teskefuld røget paprika
- Et laurbærblad

INSTRUKTIONER:
a) Tag en stor pande.
b) Tilsæt de hakkede løg og olivenolie i det.
c) Bland ingredienserne godt sammen.
d) Tilsæt det hakkede hvidløg i gryden.
e) Tilsæt tomater, oregano, laurbærblad, salt, sort peber, timian, røget paprika, bland krydderipulver og purløg i gryden.
f) Kog ingredienserne godt igennem.
g) Tilsæt okrastykkerne i blandingen.
h) Tilsæt grøntsagsfond og vand i gryden.
i) Bland stuvningen godt sammen.
j) Læg et låg på toppen af gryden.
k) Kog gryderet i ti til femten minutter.
l) Anret gryden, når grøntsagerne er færdige.
m) Anret retten med hakket persille på toppen.

81. Græske grillede grøntsagsskåle

INGREDIENSER:
- Et hakket rødløg
- En kop auberginestykker
- En kop zucchini stykker
- To kopper cherrytomater
- Halv kop hakket persille
- To kopper fetaost
- En kop peberfrugt
- En kop svampe
- En kop citrondressing

INSTRUKTIONER:
a) Tag en grillpande og tilsæt olivenolien i den.
b) Grill grøntsagerne på den.
c) Fjern grøntsagerne, når den er færdig.
d) Tilsæt resten af ingredienserne i grøntsagerne.
e) Bland alt godt.

82. Grøntsagskugler med Tahini citronsauce

INGREDIENSER:
- Et hakket rødløg
- To hakkede fed hvidløg
- En knivspids salt
- En knivspids sort peber
- Halv kop mynteblade
- To kopper revne blandede grøntsager
- En halv teskefuld oregano
- Et æg
- To spiseskefulde olivenolie
- En kop tahini citronsauce

INSTRUKTIONER:
a) Tag en stor skål.
b) Tilsæt de revne blandede grøntsager, krydderier, mynte, løg, hvidløg og æg i skålen.
c) Bland alle ingredienserne godt sammen og form runde kuglestrukturer.
d) Steg grøntsagskuglerne i olivenolie, til de bliver gyldenbrune.
e) Fordel kuglerne.
f) Server kuglerne med tahini citronsauce ved siden af.

83. Græske ristede grøntsager

INGREDIENSER:
- Halv kop hakket persille
- To spiseskefulde oregano blade
- En spiseskefuld rosmarinblade
- To spiseskefulde persilleblade
- Halv kop hakket løg
- To spiseskefulde olivenolie
- Halv kop basilikumblade
- En spiseskefuld knust rød peber
- En halv teskefuld fennikelblade
- En knivspids kosher salt
- En knivspids sort peber
- Tre kopper blandede grøntsagsstykker
- En kop hakket purløg
- En kop cherrytomater
- Halv kop velsmagende sommerkviste
- To spiseskefulde hakket hvidløg
- To spiseskefulde tørret timian

INSTRUKTIONER:
a) Tag en stor pande.
b) Tilsæt olivenolie og hakkede løg deri.
c) Kog løgene, indtil de bliver lysebrune.
d) Tilsæt det hakkede hvidløg i gryden.
e) Kog blandingen i fem minutter.
f) Smag blandingen til med salt og peber.
g) Tilsæt krydderierne og alle grøntsagerne.
h) Knus cherrytomater i en skål og tilsæt salt.
i) Fordel blandingen på en tallerken, når grøntsagerne er færdige.
j) Tilsæt de knuste tomater i gryden.
k) Kog tomaterne i ti minutter, eller indtil de bliver bløde.
l) Tilsæt grøntsagsblandingen i gryden igen.
m) Tilsæt resten af ingredienserne i gryden og bag det i cirka femten minutter.

84. Græsk Aubergine og tomatgryderet

INGREDIENSER:
- En kop hakkede løg
- En kop hakket persille
- En kop grøntsagsfond
- En kop vand
- En knivspids salt
- En knivspids sort peber
- To spiseskefulde olivenolie
- Et pund aboriginer
- En halv spiseskefuld hakket hvidløg
- To kopper hakkede tomater
- Halv kop hakket frisk timian
- Halv kop hakket frisk oregano
- En halv kop hakket frisk purløg
- En teskefuld blandet krydderipulver
- En halv teskefuld røget paprika
- Et laurbærblad

INSTRUKTIONER:
a) Tag en stor pande.
b) Tilsæt de hakkede løg og olivenolie i det.
c) Bland ingredienserne godt sammen.
d) Tilsæt det hakkede hvidløg i gryden.
e) Tilsæt tomater, oregano, laurbærblad, salt, sort peber, timian, røget paprika, bland krydderipulver og purløg i gryden.
f) Kog ingredienserne godt igennem.
g) Tilsæt aboriginen i blandingen.
h) Tilsæt grøntsagsfond og vand i gryden.
i) Bland stuvningen godt sammen.
j) Læg et låg på toppen af gryden.
k) Kog gryderet i ti til femten minutter.
l) Anret gryden, når grøntsagerne er færdige.
m) Anret retten med hakket persille på toppen.

85.Græsk Avocado Tartine

INGREDIENSER:
- Halv kop citronsaft
- Fire skiver Tartine brød
- Halv kop cherrytomater
- Halv kop ekstra jomfru olivenolie
- Halv kop smuldret ost
- Knust rød chili
- En kvart kop dild
- To kopper hakket avocado
- En knivspids salt
- En knivspids sort peber

INSTRUKTIONER:
a) Tag en stor skål.
b) Tilsæt alle ingredienserne undtagen brødskiverne.
c) Bland alle ingredienserne.
d) Rist tartinbrødsskiverne
e) Fordel blandingen oven på brødskiverne.

86. Græsk spinatris

INGREDIENSER:
- Tre kopper hakket spinat
- To teskefulde citronsaft
- Halv kop hakkede løg
- To spiseskefulde hakket hvidløg
- To spiseskefulde olivenolie
- En knivspids salt
- En knivspids sort peber
- En kvart kop tørret mynte
- To spiseskefulde hakket frisk dild
- To pund riskorn
- To kopper tomatpure
- To kopper vand

INSTRUKTIONER:
a) Tag en stor gryde.
b) Kom vandet i gryden og smag til med salt.
c) Kog vandet og tilsæt derefter risene i vandet.
d) Kog risene og dræn dem derefter.
e) Tag en stor pande.
f) Tilsæt olivenolien og varm den godt op.
g) Tilsæt de hakkede løg i gryden og steg det, indtil det bliver blødt og duftende.
h) Tilsæt det hakkede hvidløg i gryden.
i) Tilsæt spinat, tomatpure, citronsaft, salt og knust sort peber i gryden.
j) Kog ingredienserne i cirka ti minutter.
k) Tilsæt de kogte ris i gryden og bland godt.
l) Tilsæt den tørrede mynte og hakket dild i gryden.
m) Læg et låg på toppen af gryden.
n) Kog risene i cirka fem minutter ved lav varme.

87.Græsk Avgolemonosuppe

INGREDIENSER:
- Halv kop hakket frisk timian
- Halv kop hakket frisk oregano
- Halv kop hakket frisk purløg
- En teskefuld blandet krydderipulver
- En halv teskefuld røget paprika
- Et laurbærblad
- En knivspids salt
- En knivspids sort peber
- To spiseskefulde olivenolie
- Et pund kyllingestykker
- En halv spiseskefuld hakket hvidløg
- To kopper hakkede tomater
- En kop hakkede løg
- En kop hakket persille
- En kop grøntsagsfond
- En kop vand
- Halv kop citronsaft

INSTRUKTIONER:
a) Tag en stor pande.
b) Tilsæt de hakkede løg og olivenolie i det.
c) Bland ingredienserne godt sammen.
d) Tilsæt det hakkede hvidløg i gryden.
e) Tilsæt tomater, oregano, laurbærblad, salt, sort peber, timian, røget paprika, bland krydderipulver og purløg i gryden.
f) Kog ingredienserne godt igennem.
g) Tilsæt kyllingestykkerne og citronsaften i blandingen.
h) Tilsæt grøntsagsfond og vand i gryden.
i) Bland suppen godt sammen.
j) Læg et låg på toppen af gryden.
k) Kog suppen i ti til femten minutter.
l) Anret suppen, når kyllingestykkerne er færdige.
m) Anret retten med hakket persille på toppen.

88.græske grøntsags-pitaer

INGREDIENSER:
- To spiseskefulde olivenolie
- To stykker pitabrød
- To store æg
- En moden cherrytomat
- To kopper blandede grøntsager
- En kop hakket løg
- Halv kop hakket basilikum
- En kvart kop smuldret fetaost
- En knivspids salt
- En knivspids sort peber
- En flok hakket koriander

INSTRUKTIONER:
a) Tag en stor pande.
b) Tilsæt olivenolien i gryden.
c) Tilsæt løg og salt i gryden.
d) Kog løgene godt og tilsæt derefter den sorte peber i gryden.
e) Tilsæt de blandede grøntsager i blandingen.
f) Tilsæt den hakkede basilikum i blandingen.
g) Kog ingredienserne godt i cirka femten minutter.
h) Skål ud, når grøntsagerne er færdige.
i) Lad kødet køle af, og tilsæt derefter den smuldrede fetaost deri.
j) Bland godt.
k) Varm pitabrødet op.
l) Skær et hul i brødet og tilsæt den kogte blanding deri.
m) Pynt brødet med hakket koriander.

GRÆSK DESSERT

89. Græske smørkager

INGREDIENSER:
- En halv teskefuld muskatnød
- En teskefuld vaniljeekstrakt
- Tre en halv kop mel
- Halv kop sukker
- En kop saltet smør
- En spiseskefuld gær
- To store æg
- En halv teskefuld kosher salt

INSTRUKTIONER:
a) Tag en stor skål.
b) Tilsæt de tørre ingredienser i en skål.
c) Bland alle ingredienserne godt sammen.
d) Tilsæt det hvide sukker og gær i en skål med to spiseskefulde varmt vand.
e) Læg gærblandingen et fugtigt sted.
f) Tilsæt smørret i de våde ingredienser.
g) Tilsæt gærblandingen og æggene i småkageblandingen.
h) Tilsæt den dannede blanding i en sprøjtepose.
i) Lav små runde småkager på et ovnfad og bag kagerne.
j) Fordel kagerne, når de er færdige.
k) Retten er klar til at blive serveret.

90.Græsk honningkage s

INGREDIENSER:
- En halv teskefuld muskatnød
- En teskefuld vaniljeekstrakt
- Tre en halv kop mel
- Halv kop honning
- Halv kop olie
- En spiseskefuld gær
- To store æg
- En halv teskefuld kosher salt

INSTRUKTIONER:
a) Tag en stor skål.
b) Tilsæt de tørre ingredienser i en skål.
c) Bland alle ingredienserne godt sammen.
d) Tilsæt honning og gær i en skål med to spiseskefulde varmt
e) vand.
f) Læg gærblandingen et fugtigt sted.
g) Tilsæt olien i de våde ingredienser.
h) Tilsæt gærblandingen og æggene i småkageblandingen.
i) Tilsæt den dannede blanding i en sprøjtepose.
j) Lav små runde småkager på et ovnfad og bag kagerne.
k) Fordel kagerne, når de er færdige.
l) Retten er klar til at blive serveret.

91. Græsk valnøddekage

INGREDIENSER:
- En kop vaniljesauce
- Halv kop smør
- En kvart kop sukker
- En kvart teskefuld malet kardemomme
- En kop mel
- En knivspids bagepulver,
- Et æg
- En kop snittede mandler
- Til frosting
- Halv kop vaniljesauce
- Halv kop tung fløde
- Halv kop smør
- Halv kop brun farin
- En kvart teskefuld kanel

INSTRUKTIONER:
a) Tag en stor skål.
b) Tilsæt kagedejen og bland alle ingredienserne.
c) Lav dejen og hæld den i en bradepande.
d) Sørg for, at bageformen er ordentligt smurt og beklædt med bagepapir.
e) Tilsæt valnøddeblandingen og bland alle ingredienserne.
f) Bag kagen.
g) Sæt den ud, når den er færdig.
h) Lav vanilje- og flødefrostingen ved først at piske smør og fløde til de bliver luftige.
i) Tilsæt resten af ingredienserne og pisk i fem minutter.
j) Kom vanilje- og flødefrosting ovenpå kagen.
k) Sørg for at dække alle sider af kagen med frosting.
l) Skær kagen i skiver.
m) Retten er klar til at blive serveret.

92. Græsk Baklava

INGREDIENSER:
- Otte ounce smør
- En pakke filoplader
- En teskefuld vaniljeekstrakt
- Halv kop hakkede nødder (efter eget valg)
- En kop honning
- En kop sukker
- En teskefuld stødt kanel
- En kop vand

INSTRUKTIONER:
a) Tag en stor skål.
b) Tilsæt smørret og pisk godt.
c) Tilsæt nødder, kanel og honning i smørskålen.
d) Bland ingredienserne godt sammen.
e) Tilsæt den tørrede mynte i skålen og bland godt.
f) Fordel filopladerne i en smurt bageplade.
g) Tilsæt nøddeblandingen i filopladerne og dæk den med flere filoplader.
h) Bag baklavaen i cirka fyrre minutter.
i) Tilsæt sukker og vand i en gryde og kog op.
j) Fjern baklavaen og skær den i stykker.
k) Hæld sukkersiruppen oven på baklavaen
l) Anret baklavaen.
m) Retten er klar til at blive serveret.

93. Ananas dejlig creme

INGREDIENSER:
- 2 kopper frosne ananas bidder
- 1 moden banan, skrællet og frosset
- ½ kop kokosmælk
- 1 spiseskefuld honning eller ahornsirup (valgfrit)
- 1 tsk vaniljeekstrakt (valgfrit)
- Friske ananasskiver og mynteblade til pynt (valgfrit)

INSTRUKTIONER:
a) Sørg for, at både de frosne ananasstykker og den frosne banan er ordentligt frosset. Du kan fryse dem et par timer eller natten over.
b) Kombiner den frosne ananas, frosne banan, kokosmælk og honning (eller ahornsirup, hvis du bruger den) i en foodprocessor eller højhastighedsblender.
c) Hvis det ønskes, tilsæt vaniljeekstrakt for ekstra smag.
d) Blend alle ingredienserne, indtil blandingen er glat og cremet. Du skal muligvis stoppe og skrabe siderne ned et par gange for at sikre ensartet blanding.
e) Smag den fine creme til og juster sødmen efter din smag ved at tilsætte mere honning eller ahornsirup, hvis det er nødvendigt.
f) Når blandingen er godt blandet og har en glat, is-agtig konsistens, er den klar.
g) Du kan nyde den med det samme som soft-serve is eller overføre den til en beholder og fryse den for en fastere tekstur.
h) Hvis du fryser den ned for at få en fastere konsistens, er det en god idé at lade den stå ved stuetemperatur i et par minutter, inden du øser den.
i) Pynt din Pineapple Nice Cream med friske ananasskiver og mynteblade for en smuk præsentation (valgfrit).
j) Server og nyd din lækre og sunde Pineapple Nice Cream!

94. Græsk appelsinkage

INGREDIENSER:
- En kop appelsinjuice
- Halv kop smør
- En kvart kop sukker
- En kvart teskefuld malet kardemomme
- En kop mel
- En knivspids bagepulver,
- Et æg
- To teskefulde appelsinskal

INSTRUKTIONER:
a) Tag en stor skål.
b) Tilsæt kagedejen og bland alle ingredienserne.
c) Lav dejen og hæld den i en bradepande.
d) Sørg for, at bageformen er ordentligt smurt og beklædt med bagepapir.
e) Bag kagen.
f) Sæt den ud, når den er færdig.
g) Skær kagen i skiver.
h) Retten er klar til at blive serveret.

95.Græske donuts (Loukoumades)

INGREDIENSER:
- Halv kop smør
- Otte æg
- To kopper sukker
- Tre kopper mel
- En kop mælk
- En spiseskefuld bagepulver
- To spiseskefulde creme fraiche
- En teskefuld kardemommesukker
- En teskefuld bagepulver
- To spiseskefulde honning

INSTRUKTIONER:
a) I en stor skål blandes alle ingredienserne undtagen kardemommesukker og honning.
b) Form en halvtyk dej af blandingen.
c) Varm en pande fuld af olie.
d) Lav en rund doughnut-lignende struktur ved hjælp af en donut cutter.
e) Steg doughnutsene.
f) Lad donutsene køle af.
g) Dryp honningen oven på doughnutsene.
h) Tilsæt kanelsukker over hele doughnuts.

96. Græsk mælkecremepudding

INGREDIENSER:
- To kopper sødmælk
- To kopper vand
- Fire spiseskefulde majsstivelse
- Fire spiseskefulde hvidt sukker
- To æggeblommer
- En kvart teskefuld kanelpulver

INSTRUKTIONER:
a) Tag en stor gryde.
b) Tilsæt vand og sødmælk.
c) Lad væsken koge i fem minutter.
d) Tilsæt æggeblommer og sukker i mælkeblandingen.
e) Kog alle ingredienserne godt igennem i tredive minutter, eller indtil det begynder at blive tykt.
f) Bliv ved med at røre konstant.
g) Tilsæt kanelpulveret ovenpå.
h) Retten er klar til at blive serveret.

97.Græske mandelsirup kager

INGREDIENSER:
- Otte ounce mandelsirup
- En pakke filoplader
- En teskefuld tørret muskatnød
- Halv kop hakkede nødder (efter eget valg)
- En kop honning timian
- Syv ounce smør

INSTRUKTIONER:
a) Tag en stor skål.
b) Tilsæt smørret og pisk godt.
c) Tilsæt nødder og mandelsirup i smørskålen.
d) Bland ingredienserne godt sammen.
e) Fordel filopladerne i en smurt bageplade.
f) Tilsæt nøddeblandingen i filopladerne og dæk den med flere filoplader.
g) Bag dejen i cirka fyrre minutter.
h) Fordel dejen.
i) Dryp honningtimian ovenpå tærten.
j) Retten er klar til at blive serveret.

98. Græsk mandelsortkage

INGREDIENSER:
- En halv teskefuld vaniljestangpasta
- To en halv kop mel
- Halv teskefuld bagepulver
- En kop usaltet smør
- En æggeblomme
- To kopper flormelis
- Halv kop hakkede mandler

INSTRUKTIONER:
a) Tag en stor skål.
b) Tilsæt vaniljestangpasta, mel, bagepulver, usaltet smør, æggeblomme og mandler i skålen.
c) Bland alle ingredienserne og kom dem på en bageplade.
d) Bag blandingen i tredive minutter.
e) Fordel brødet og skær det i skiver.
f) Drys brødet med flormelis.

99.Græsk appelsinblomst Baklava

INGREDIENSER:
- Otte ounce smør
- En pakke filoplader
- En teskefuld vaniljeekstrakt
- Halv kop hakkede nødder (efter eget valg)
- En kop honning
- En kop sukker
- En teskefuld malet appelsinpulver
- En kop vand

INSTRUKTIONER:
a) Tag en stor skål.
b) Tilsæt smørret og pisk godt.
c) Tilsæt nødder, appelsinpulver og honning i smørskålen.
d) Bland ingredienserne godt sammen.
e) Tilsæt den tørrede mynte i skålen og bland godt.
f) Fordel filopladerne i en smurt bageplade.
g) Tilsæt nøddeblandingen i filopladerne og dæk den med flere filoplader.
h) Bag baklavaen i cirka fyrre minutter.
i) Tilsæt sukker og vand i en gryde og kog.
j) Fordel baklavaen og skær den i stykker.
k) Hæld sukkersiruppen oven på baklavaen
l) Anret baklavaen.
m) Retten er klar til at blive serveret.

100.Græsk honning og rosenvand Baklava

INGREDIENSER:
- Otte ounce smør
- En pakke filoplader
- En teskefuld vaniljeekstrakt
- Halv kop hakkede nødder (efter eget valg)
- En kop honning
- En kop sukker
- En teskefuld rosenvand
- En kop vand

INSTRUKTIONER:
a) Tag en stor skål.
b) Tilsæt smørret og pisk godt.
c) Tilsæt nødder, rosenvand og honning i smørskålen.
d) Bland ingredienserne godt sammen.
e) Tilsæt den tørrede mynte i skålen og bland godt.
f) Fordel filopladerne i en smurt bageplade.
g) Tilsæt nøddeblandingen i filopladerne og dæk den med flere filoplader.
h) Bag baklavaen i cirka fyrre minutter.
i) Tilsæt sukker og vand i en gryde og kog op.
j) Fordel baklavaen og skær den i stykker.
k) Hæld sukkersiruppen oven på baklavaen
l) Anret baklavaen.
m) Retten er klar til at blive serveret.

KONKLUSION

Når vi afslutter vores rejse gennem de solbeskinnede sider af "Græsk: Hverdagsopskrifter med græske rødder", håber vi, at du har oplevet magien ved det græske køkken i komfort i dit eget køkken. Hver opskrift på disse sider er et vidnesbyrd om den tidløse tiltrækning ved middelhavssmag, hvor enkelhed møder sofistikering, og hvert måltid bliver en fest.

Uanset om du har forkælet dig med de trøstende lag af moussaka, omfavnet friskheden af græske salater eller nydt sødmen af baklava, stoler vi på, at disse 100 opskrifter har bragt en smag af Grækenland ind i dit hjem. Ud over ingredienserne og teknikkerne, kan du have følt varmen fra græsk gæstfrihed og glæden, der følger med at dele lækre måltider med dine kære.

Mens du fortsætter med at udforske Middelhavets kulinariske rigdomme, kan "græsk" inspirere dig til at tilføre din daglige madlavning ånden fra Grækenland. Fra olivenlunde til det azurblå hav, lad essensen af det græske køkken blive hængende i dit køkken, hvilket skaber øjeblikke af glæde, forbindelse og lækker opdagelse. Opa, og hurra for de endeløse fornøjelser ved græsk madlavning!

www.ingramcontent.com/pod-product-compliance
Lightning Source LLC
Chambersburg PA
CBHW071907110526
44591CB00011B/1587